Calidad y servicios de proximidad en el pequeño comercio

Juan Dueñas Nogueras

Calidad y servicios de proximidad en el pequeño comercio
© Juan Dueñas Nogueras

1ª Edición

© IC Editorial, 2024

Editado por: IC Editorial
c/ Cueva de Viera, 2, Local 3
Centro Negocios CADI
29200 Antequera (Málaga)
Teléfono: 952 70 60 04
Fax: 952 84 55 03
Correo electrónico: iceditorial@iceditorial.com
Internet: www.iceditorial.com

ISBN: 978-84-1184-382-9
Depósito Legal: MA 2215-2024

Impresión: PODiPrint
Impreso en Andalucía – España

Nota de la editorial: IC Editorial pertenece a Innovación y Cualificación S. L.

Presentación del manual

El **Certificado de Profesionalidad** es el instrumento de acreditación, en el ámbito de la Administración laboral, de las cualificaciones profesionales del Catálogo Nacional de Cualificaciones Profesionales adquiridas a través de procesos formativos o del proceso de reconocimiento de la experiencia laboral y de vías no formales de formación.

El elemento mínimo acreditable es la **Unidad de Competencia.** La suma de las acreditaciones de las unidades de competencia conforma la acreditación de la competencia general.

Una **Unidad de Competencia** se define como una agrupación de tareas productivas específica que realiza el profesional. Las diferentes unidades de competencia de un certificado de profesionalidad conforman la **Competencia General,** definiendo el conjunto de conocimientos y capacidades que permiten el ejercicio de una actividad profesional determinada.

Cada **Unidad de Competencia** lleva asociado un **Módulo Formativo,** donde se describe la formación necesaria para adquirir esa **Unidad de Competencia,** pudiendo dividirse en **Unidades Formativas.**

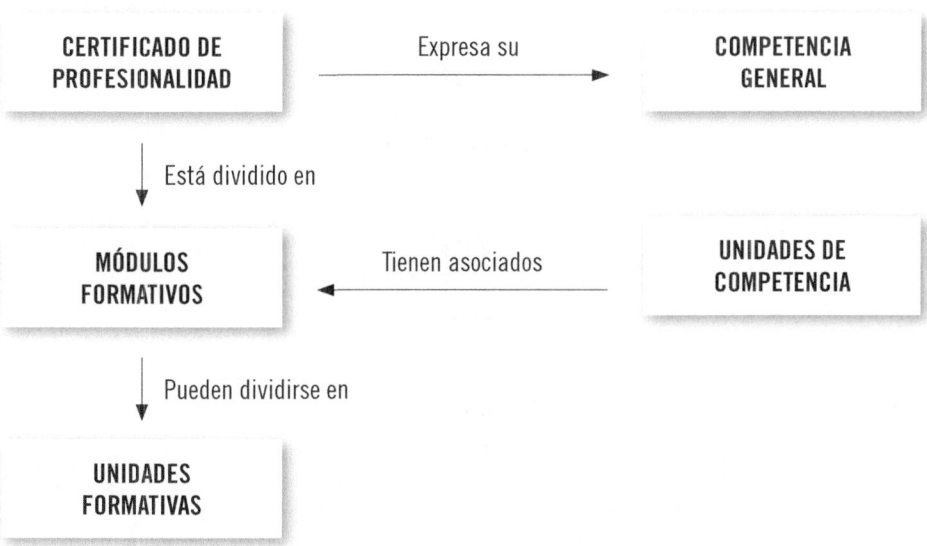

El presente manual desarrolla la Unidad Formativa **UF2382: Calidad y servicios de proximidad en el pequeño comercio,**

perteneciente al Módulo Formativo **MF2104_2: Implantación y desarrollo del pequeño comercio,**

asociado a la unidad de competencia **UC2104_2: Impulsar y gestionar un pequeño comercio de calidad,**

del Certificado de Profesionalidad **Actividades de gestión del pequeño comercio.**

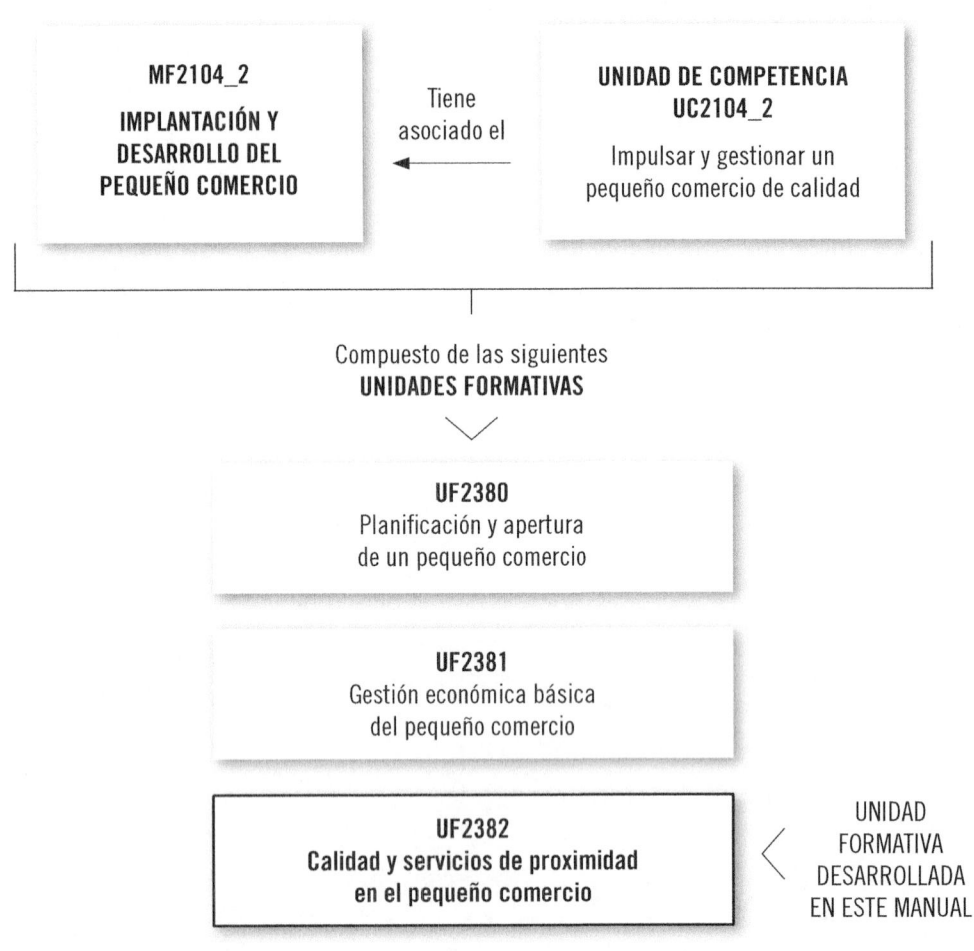

MF2104_2

IMPLANTACIÓN Y DESARROLLO DEL PEQUEÑO COMERCIO

Tiene asociado el

UNIDAD DE COMPETENCIA UC2104_2

Impulsar y gestionar un pequeño comercio de calidad

Compuesto de las siguientes
UNIDADES FORMATIVAS

UF2380
Planificación y apertura de un pequeño comercio

UF2381
Gestión económica básica del pequeño comercio

UF2382
Calidad y servicios de proximidad en el pequeño comercio

UNIDAD FORMATIVA DESARROLLADA EN ESTE MANUAL

FICHA DE CERTIFICADO DE PROFESIONALIDAD

(COMT0112) ACTIVIDADES DE GESTIÓN DEL PEQUEÑO COMERCIO (R. D. 614/2013, de 2 de agosto, modificado por el R. D. 982/2013, de 13 de diciembre)

COMPETENCIA GENERAL: Implantar y dirigir un pequeño comercio o tienda independiente, organizando, gestionando y controlando el aprovisionamiento, la animación del punto de venta y las actividades de venta de productos -a través de canales tradicionales o Internet-, utilizando, cuando la complejidad de la actividad lo requiera servicios de gestión y asesoría externos, con el fin de garantizar la capacidad de respuesta, permanencia y sostenibilidad en el tiempo, potenciando el servicio de proximidad y el asesoramiento personalizado en la atención a clientes, de acuerdo con criterios de calidad del pequeño comercio, respeto medioambiental, seguridad y prevención de riesgos, cumpliendo la normativa vigente.

Cualificación profesional de referencia		Unidades de competencia	Ocupaciones o puestos de trabajo relacionados:
COM631_2 ACTIVIDADES DE GESTIÓN DEL PEQUEÑO COMERCIO (R. D. 889/2011, de 24 de Junio)	UC2104_2	Impulsar y gestionar un pequeño comercio de calidad	<ul><li>1432.1030 Gerentes de empresa de comercio al por menor con menos de 10 asalariados.</li><li>Gerentes de pequeño comercio.</li><li>5300.1012 Comerciantes propietarios de tiendas.</li></ul>
	UC2105_2	Organizar y animar el punto de venta de un pequeño comercio	
	UC2106_2	Garantizar la capacidad de respuesta y abastecimiento del pequeño comercio	
	UC0239_2	Realizar la venta de productos y/o servicios a través de los diferentes canales de comercialización	
	UC1792_2	Gestionar la prevención de riesgos laborales en pequeños negocios	

Correspondencia con el Catálogo Modular de Formación Profesional

Módulos certificado	Unidades formativas	Horas
MF2104_2: Implantación y desarrollo del pequeño comercio	UF2380: Planificación y apertura de un pequeño comercio	30
	UF2381: Gestión económica básica del pequeño comercio	40
	UF2382: Calidad y servicios de proximidad en el pequeño comercio	30
	UF2383: Dinamización del punto de venta en el pequeño comercio	40
MF2105_2: Organización y animación del pequeño comercio	UF2384: Escaparatismo en el pequeño comercio	30
	UF0032: Venta online	30
MF2106_2: Gestión de compras en el pequeño comercio		60
MF0239_2: Operaciones de venta	UF0030: Organización de procesos de venta	60
	UF0031: Técnicas de venta	70
	UF0032: Venta online	30
MF1792_2: Gestión de la prevención de riesgos laborales en pequeños negocios		60
MP0496: Módulo de prácticas profesionales no laborales		80

Índice

Capítulo 1
Comercio de proximidad

Contenido

1. Introducción

Desde hace unos años, las grandes superficies comerciales han ido tomando un mayor protagonismo en las ciudades, y más recientemente el auge del comercio electrónico, siendo acusadas en la mayoría de los casos de la destrucción o muerte del llamado **comercio tradicional,** comercio que se ha caracterizado siempre por su trato personal y la proximidad con el cliente.

Muchos comercios se han visto abocados al cierre por el progresivo descenso en las ventas, motivado, unas veces, por la bajada del número de clientes atraídos hacia las grandes superficies comerciales o las compras *online,* y otras veces, por la imposibilidad del pequeño comercio de hacer frente a los bajos precios impuestos por estas grandes compañías.

Las medidas liberalizadoras en materia de horarios, la implantación por parte del comercio tradicional de distintos servicios complementarios aportando un valor añadido a sus productos o servicios, así como las distintas ayudas al comercio interior impulsadas por el Gobierno, pretenden dar un punto adicional de resistencia a un sector clave en la economía española que concentra un elevado número de puestos de trabajo y de profesionales, los cuales podrían desaparecer en su mayoría por determinadas prácticas comerciales abusivas y posibles situaciones económicas adversas.

2. Horarios comerciales

Los horarios comerciales son un aspecto importante a tener en cuenta, ya que pueden llegar a ser una ventaja o desventaja competitiva entre el comercio tradicional y las grandes superficies. En la actualidad, la mayoría de la ciudadanía dispone de un mayor tiempo libre durante los fines de semana, momento que es aprovechado para realizar gran parte de las compras.

2.1. Régimen general

La actual legislación vigente sobre horarios comerciales de atención al público se especifica en una norma básica nacional que se encuentra regulada en la

Ley 1/2004, de 21 de diciembre, de Horarios Comerciales, modificada posteriormente en el Título V del Real Decreto-ley 20/2012, de 13 de julio, de Medidas para Garantizar la Estabilidad Presupuestaria y de Fomento de la Competitividad y por la Ley 18/2014, de 15 de octubre, de aprobación de medidas urgentes para el crecimiento, la competitividad y la eficiencia.

Dicho real decreto-ley establece una serie de modificaciones en el ámbito de la libertad de horarios cuyo objetivo no es otro que el de incrementar la productividad y la eficiencia en la distribución comercial minorista, permitiendo un incremento de la competitividad entre los comercios sin olvidar las posibles consecuencias positivas que tiene para el consumidor por el incremento de las posibilidades de compra y la oportunidad de conciliar la vida familiar y laboral.

Esta normativa establece el principio de libertad de los comerciantes para determinar los días y horas de su actividad comercial, siempre y cuando se encuentren dentro del marco establecido en la ley y de las disposiciones que dicten las comunidades autónomas. Por tanto, existe libertad para la determinación por parte del comerciante para fijar sus horarios, así como una serie de establecimientos que poseen libertad horaria, independientemente de lo estipulado por su comunidad autónoma, al cumplir estos con una serie de requisitos. Dichos establecimientos son:

- Los dedicados principalmente a la venta de prensa, combustibles y carburante, flores y plantas, platos preparados y pan, pastelería y repostería.
- Las tiendas instaladas en las estaciones y medios de transporte, ya sea terrestre, marítimo y aéreo.
- Las tiendas de conveniencia.
- Los establecimientos instalados en las llamadas **zonas de gran afluencia turística.**
- Los establecimientos de venta de reducida dimensión, distintos de los anteriores, que disponen de una superficie útil para exposición y venta inferior a 300 m^2, quedando excluidos los pertenecientes a empresas o grupos de distribución que no tengan la consideración de pequeña o mediana empresa, según la legislación vigente.

Definición

Tienda de conveniencia

Tienda cuya superficie útil dedicada a la exposición y venta al público no es superior a 500 metros cuadrados. Esta va a permanecer abierta al menos durante 18 horas al día y su oferta se basa en libros, periódicos y revistas, artículos de alimentación, regalos, discos y vídeos, así como artículos varios.

No obstante, las comunidades autónomas dispondrán de las competencias necesarias para regular la ordenación del comercio en materia de:

- Horarios de apertura y cierre.
- Regulación del número de domingos y festivos autorizados para el comercio.
- Determinar las distintas zonas de gran afluencia turística a propuesta de los ayuntamientos.
- Regular los horarios comerciales de los establecimientos que se dedican exclusivamente a productos culturales o servicios de naturaleza cultural.
- Establecer el sistema sancionador aplicable.

Actividades

1. Señalar cuáles son los establecimientos que poseen libertad horaria independientemente de lo estipulado por la comunidad autónoma en la que se ubiquen.

2.2. Horario semanal

En relación al horario semanal, la normativa vigente (Ley 1/2004, de 21 de diciembre, de Horarios Comerciales, Real Decreto-ley 20/2012, de 13 de julio, de medidas para garantizar la estabilidad presupuestaria y de fomento de la competitividad y la Ley 18/2014, de 15 de octubre, de aprobación de medidas urgentes para el crecimiento, la competitividad y la eficiencia), es muy clara al determinar que el horario en el que los comercios podrán desarrollar su actividad dentro del conjunto de los días laborales de la semana no podrá restringirse por las comunidades autónomas a menos de 90 horas, siendo el número mínimo de domingos y días festivos en los que los comercios podrán permanecer abiertos de dieciséis, pudiendo las CC. AA. incrementar o reducir el número de días, no pudiendo bajar de diez, dejando libertad al comerciante para la libre elección del horario durante dichos días.

No obstante, son las comunidades autónomas las que tienen la última palabra en materia de regulación horaria de los comercios pertenecientes a su ámbito geográfico, por lo que se ha de estar atento a su regulación al respecto. Existe la posibilidad de que las comunidades autónomas no hagan uso de la norma anteriormente expresa, por lo que se entiende que son los comerciantes los que tienen plena libertad para determinar las horas de apertura de sus comercios, así como la de elección de los domingos y festivos en los que podrán ejercer su actividad.

2.3. Publicidad de los horarios

Los comerciantes se encuentran obligados, en materia de publicidad de horarios, a lo dispuesto en la regulación de la ordenación del comercio llevada a cabo por la comunidad autónoma a la que pertenecen.

2.4. Establecimientos con libertad horaria

Existen una serie de establecimientos que tendrán libertad para determinar los días y horas en los que permanecerán abiertos al público, sin perjuicio de lo estipulado por sus respectivas comunidades autónomas.

Según la normativa que regula los horarios comerciales, estos establecimientos son:

- Los establecimientos dedicados principalmente a la venta de prensa, combustibles y carburante, flores y plantas, platos preparados y pan, pastelería y repostería.
- Las tiendas instaladas en las estaciones y medios de transporte, ya sea terrestre, marítimo y aéreo.
- Las tiendas de conveniencia.
- Los establecimientos de venta de reducida dimensión distintos de los anteriores que disponen de una superficie útil para exposición y venta inferior a 300 m², quedando excluidos los pertenecientes a empresas o grupos de distribución que no tengan la consideración de pequeña y mediana empresa según la legislación vigente.
- Los establecimientos instalados en las llamadas zonas de gran afluencia turística, entendiendo estas como aquellas que cumplen ciertos requisitos básicos regulados en los artículos 5.4 y 5.5 de la Ley de Horarios Comerciales:

  - Municipios con concentración suficiente de alojamientos y establecimientos turísticos o segundas residencias.
  - Aquellos declarados como patrimonio de la humanidad o se localice un bien de interés cultural.
  - Municipios limítrofes o que constituyan áreas de influencia de zonas fronterizas.
  - Aquellos en los que se celebren determinados eventos deportivos o culturales de carácter nacional o internacional.
  - Municipios próximos a zonas portuarias de cruceros.
  - Áreas cuyo principal atractivo sea el turismo de compras.
  - Cuando concurran otras circunstancias que así lo justifiquen.

- Las farmacias, así como los estancos, se regirán por su normativa específica.
- En los establecimientos de venta de productos o servicios culturales sus horarios comerciales podrán regularse por las comunidades autónomas.

 **Nota**

En municipios con más de 100.000 habitantes que hayan registrado más de 600.000 pernoctaciones el año anterior o que cuenten con puertos donde operen cruceros que hayan recibido más de 400.000 pasajeros, se declarará, al menos, una zona de gran afluencia.

3. Conciliación de la vida familiar, laboral y personal en los pequeños comercios

Es un hecho demostrado que en la sociedad actual existe una necesidad de conciliar la vida familiar, laboral y personal. De hecho, la situación macroeconómica adversa ha provocado que si en los últimos años se había avanzado en esta materia, actualmente se encuentre en peligro debido al hecho de primar el objetivo de crecimiento económico frente a la necesidad de una conciliación de la vida familiar y laboral en todos los sectores económicos.

Son muchos los gobiernos supranacionales, nacionales, y autonómicos, organismos e instituciones públicas o privadas los que han debatido sobre el tema y han establecido una serie de principios y normativas a nivel estatal y europeo, ya que se han dado cuenta de que la conciliación de la vida familiar, laboral y personal contribuye a la construcción de una sociedad basada en la calidad de vida de las personas, haciendo hincapié en las mismas oportunidades para las mujeres y los hombres con el único objetivo de poder desarrollarse en todos los ámbitos vitales y profesionales, sin dejar de atender a las responsabilidades familiares y sin dejar de disfrutar del tiempo libre familiar o personal.

Para que todo esto pueda ser cumplido se tiene que tener en cuenta:

- La reorganización de los tiempos y espacios de trabajo.
- El establecimiento de medidas en las organizaciones laborales que posibiliten a las personas trabajadoras su desarrollo en todas y cada una de las facetas de su vida.
- El desarrollo e implantación de estructuras sociales que permitan el cuidado y la atención de las personas calificadas como dependientes.

■ La modificación de los roles tradicionales asignados a los hombres y mujeres respecto de su implicación en las obligaciones familiares, de trabajo y en el hogar.

Es por tanto indispensable un cambio de mentalidad y de concienciación en la sociedad ante los nuevos modelos de organización necesarios para mejorar la conciliación de la vida laboral, familiar y personal en los centros de trabajo, sean estos grandes organizaciones empresariales o pequeños comercios, ya que los beneficios y posibilidades que ofrecen son numerosos:

■ Calidad en la gestión de los recursos humanos, mejorando el clima laboral, la gestión y la planificación del tiempo. Se disminuye el estrés y los conflictos laborales y aumenta la satisfacción del personal.
■ Ahorro en gasto de personal aumentando la retención del talento cualificado, disminuyendo los costes de reclutamiento y formación, y aumentando la fidelidad y estabilidad de la plantilla.
■ Mayor productividad y rendimiento económico repercutiendo positivamente en los beneficios empresariales en términos de productividad, así como en la cuenta de resultados.
■ Mejora de la imagen de la empresa mediante la atracción de nueva clientela debido a que la empresa es valorada positivamente como comprometida con la conciliación e igualdad, aumentando el prestigio de sus productos y/o servicios y mejorando las relaciones con otras empresas y con las Administraciones públicas.

Por tanto es una labor que atañe a todos los agentes sociales, Administraciones públicas, sindicatos, empresas, organizaciones empresariales e iniciativas sociales. La conciliación de la vida laboral, familiar y profesional es el gran reto del siglo XXI.

 Actividades

2. Indicar qué beneficios y posibilidades ofrece la mejora de la conciliación de la vida laboral, familiar y personal en los centros de trabajo.

3.1. Medidas legales

A la hora de decidir cuáles son las medidas legales que se impondrán para la conciliación de la vida laboral, familiar y personal es necesario establecer los principios inspiradores de dichas medidas. Estos principios son el germen de todo el desarrollo normativo, siendo el principio de igualdad el que sustenta los demás.

El principio de igualdad es a su vez un principio fundamental en la Unión Europea, que en lo referente a la conciliación de la vida laboral, familiar y personal incide en que es la Comisión Europea, así como los Estados miembros, los que deben desarrollar las medidas encaminadas a la adopción de un permiso de paternidad específico, medidas que favorezcan un reparto equilibrado entre hombres y mujeres frente al cuidado de sus hijos y personas dependientes, promocionen campañas periódicas informativas y de sensibilización para promover cambios de estructuras y actitudes en la sociedad, etc.

A nivel estatal hay que señalar que la regulación básica en esta materia es competencia exclusiva del Estado, regulada en la Ley 39/1999, de 5 de noviembre, para promover la conciliación de la vida familiar y laboral de las personas trabajadoras, y junto a ella, la Ley Orgánica 3/2007, de 22 de marzo, de Igualdad Efectiva de Mujeres y Hombres. Ambas leyes actúan conjuntamente con lo establecido en el Estatuto de los Trabajadores y la Ley General de la Seguridad Social en materia de permisos de maternidad, paternidad, excedencias, vacaciones y permisos, siendo por tanto de carácter obligatorio para el empresario o empresas en los que se den los supuestos de:

- Permisos retribuidos por matrimonio o nacimiento, adopción, guarda con fines de adaptación, o acogimiento, fallecimiento o enfermedad grave u hospitalización.
- Lactancia.
- Violencia de género.
- Permiso de paternidad.
- Permiso de maternidad.
- Exámenes prenatales, preparación al parto y en los casos de adopción, guarda con fines de adopción o acogimiento, para la asistencia a las preceptivas sesiones de información y preparación y para la realización de

los preceptivos informes psicológicos y sociales previos a la declaración de idoneidad.

- Riesgo durante el embarazo.
- Riesgo durante la lactancia.
- Reducción de la jornada laboral por razones de guarda legal de menores de 12 años o discapacitados, o por cuidado de un familiar directo hasta el segundo grado de consanguineidad o afinidad.
- Excedencia voluntaria.
- Excedencia para el cuidado de hijos.
- Excedencia para el cuidado de familiares.

Existen otros permisos recogidos en el artículo 37 del Estatuto de los Trabajadores relacionados con la conciliación de la vida familiar y laboral.

Especial mención se debe de hacer al Real Decreto-ley 5/2023, de 28 de junio, por el que se adoptan y prorrogan determinadas medidas de respuesta a las consecuencias económicas y sociales de la Guerra de Ucrania, de apoyo a la reconstrucción de la isla de La Palma y a otras situaciones de vulnerabilidad; de transposición de Directivas de la Unión Europea en materia de modificaciones estructurales de sociedades mercantiles y conciliación de la vida familiar y la vida profesional de los progenitores y los cuidadores; y de ejecución y cumplimiento del Derecho de la Unión Europea, este real decreto ha introducido modificaciones en materia de derechos para la conciliación de la vida laboral y familiar en el Estatuto de los Trabajadores.

3.2. Medidas convencionales

Las llamadas medidas convencionales (negociación colectiva o individual) son unos instrumentos importantes para incrementar las medidas de conciliación, como por ejemplo, mediante políticas de flexibilidad horaria y movilidad geográfica.

La actual legislación vigente permite que cada organización determine las medidas que puede aplicar y cuáles son las más adecuadas para responder a sus necesidades. Es evidente que un pequeño comercio no puede implantar las mismas medidas de conciliación que una empresa de más de 250 trabajadores, por lo que se hace necesario el diseño e implantación de un plan de conciliación que estudie y determine, de forma individual, todas y cada una de las medidas de conciliación a adoptar, atendiendo al tamaño de la empresa.

A modo de ejemplo se citan algunas medidas que actualmente se están implantando en las empresas (no siendo todas válidas para su implantación en el pequeño comercio), bien por propia decisión o por lo establecido en algún convenio en materia de conciliación de la vida laboral, familiar y personal:

- En relación al horario de trabajo:

    - Semana laboral comprimida. Trabajar más tiempo de lunes a viernes para disfrutar de un día o medio día libre extra.
    - Banco de horas. Gestión por parte del empleado de las horas a trabajar al mes o año en función de lo que estime más conveniente o mediante la compensación de las horas trabajadas de más con horas o días libres.
    - Flexibilización de la relación laboral.
    - Trabajo a tiempo parcial. Aquel cuya prestación de los servicios se realiza en un número de horas al día, semana, mes o año inferior a la jornada a tiempo completo.
    - Trabajo compartido. Aquel en el que varias personas se responsabilizan del trabajo a realizar en un puesto determinado dividiéndose entre ellas el sueldo, las horas trabajadas, vacaciones, etc.
    - Excedencias laborales. Es la concesión al trabajador para su uso de periodos de tiempo remunerados o no, garantizando la empresa el puesto y categoría a su vuelta.
    - Teletrabajo. Aquel trabajo realizado a distancia apoyándose del uso de las tecnologías de la información y comunicación (TIC).
    - Jornada continuada. Aquella que se realiza de manera ininterrumpida sin descanso de una o dos horas para el almuerzo.
    - Días libres por situaciones familiares excepcionales o para asuntos propios distintos de los reconocidos legalmente.

- En relación a las prestaciones ofrecidas por las empresas:

    - Guarderías.
    - Seguro de vida.

■ Seguro de accidente.

■ Asistencia sanitaria para familiares directos.

■ Planes de pensiones.

■ *Ticket* o servicio de restaurante subvencionado.

 Actividades

3. Indicar qué medidas legales y convencionales en materia de conciliación de la vida laboral, familiar y personal implantaría en el establecimiento del siguiente supuesto: es propietario de una cafetería/pastelería en el centro de su ciudad. En ella trabajan dos pasteleros, un panadero y cuatro camareros de los cuales dos son mujeres. El establecimiento se encuentra abierto de manera ininterrumpida de 08:00 H a 20:00 H de lunes a sábados.

3.3. Implantación de un plan de conciliación en el pequeño comercio

Es de vital importancia, sobre todo en situaciones sociales cambiantes y económicas adversas, la necesidad de implantación de un plan de conciliación de la vida laboral, familiar y personal compatible con la necesidad de crecimiento económico, del empleo y reducción del endeudamiento tanto de las empresas como del pequeño comercio.

No cabe duda que es el pequeño comercio el que se encuentra con mayores dificultades a la hora de poner en marcha este tipo de iniciativas, siendo necesario adaptar las políticas de conciliación y de igualdad al modelo de gestión, estrategia, valores, cultura corporativa y plan estratégico de cada una de las empresas.

Todas y cada una de las organizaciones, en función de su tamaño, deberán prestar atención a unas determinadas cuestiones para la correcta planificación, diseño y posterior implantación de un plan de conciliación. Estas son:

- Protección especial del embarazo y la maternidad. El empresario, en función de sus posibilidades, deberá incluir medidas conducentes a otorgar permisos retribuidos para el cuidado de hijos recién nacidos, excedencias para adopción, matrimonio, fallecimiento, etc. tal y como establece la legislación vigente.
- Flexibilidad horaria.
- Teletrabajo y aportación tecnológica.
- Jornada a tiempo parcial y jornada reducida.
- Ayuda a la familia del empleado.
- Igualdad de oportunidades.
- Procedimientos para la prevención y tratamiento del acoso laboral y violencia de género.
- Impartición o asistencia de los trabajadores a formación para la cultura de la conciliación e igualdad.
- Políticas de comunicación en materia de igualdad y conciliación.
- Desarrollo profesional de la mujer.
- Ejemplo por parte de los gerentes de la adopción a título personal de medidas de conciliación para la concienciación de sus trabajadores.
- Trabajos por objetivos, siendo necesario no valorar la cultura de la presencia en el trabajo.
- Retribución flexible y personalizada.
- Establecimiento de una canal anónimo de denuncias para los empleados de la empresa por conductas de acoso laboral, violencia de género o contrarias a la igualdad de oportunidades, etc.

 Sabía que...

Con la aparición del Covid-19, muchas empresas recurrieron al teletrabajo o trabajo en remoto para poder continuar con su actividad. Este fenómeno supuso un cambio a nivel social. Muchas empresas decidieron continuar con este modelo o implantar un modelo híbrido de trabajo a distancia, lo que generó la necesidad de una normativa que regulara la nueva realidad social y laboral, de esta forma se implantó la Ley 10/2021, de 9 de julio, de trabajo a distancia.

3.4. La conciliación de la vida familiar, laboral y personal tras la modificación del ET por el Real Decreto-ley 5/2023

Con la publicación en el BOE del Real Decreto-ley 5/2023, el día 29 de junio, y su entrada en vigor (salvo su disposición final novena) el día 30 de junio de 2023, se introducen en el marco normativo del derecho del trabajo, algunas modificaciones en el ámbito de la conciliación de la vida familiar y laboral. Estas modificaciones se recogen en el Libro Segundo de este real decreto-ley, y es en su Título I donde se regula la "Modificación del texto refundido de la Ley del Estatuto de los trabajadores, aprobado por el Real Decreto Legislativo 2/2015, de 23 de octubre".

Las **modificaciones** que se introducen pueden verse en el siguiente cuadro:

Artículo 4.2.c	**Anterior**
	A no ser discriminados directa o indirectamente para el empleo, o una vez empleados, por razones de sexo, estado civil, edad dentro de los límites marcados por esta ley, origen racial o étnico, condición social, religión o convicciones, ideas políticas, orientación e identidad sexual, expresión de género, características sexuales, afiliación o no a un sindicato, así como por razón de lengua, dentro del Estado español.
	Tampoco podrán ser discriminados por razón de discapacidad, siempre que se hallasen en condiciones de aptitud para desempeñar el trabajo o empleo de que se trate.
	Actual
	Se incluye en este artículo la discriminación por razón de sexo, incluyendo dentro de este concepto "el trato desfavorable dispensado a mujeres u hombres por el ejercicio de los derechos de conciliación o corresponsabilidad de la vida familiar y laboral".
Artículo 34.8	**Anterior**
	En la redacción anterior, las personas trabajadoras tenían derecho a solicitar adaptaciones de su jornada de trabajo para hacer efectivo su derecho a la conciliación hasta que los hijos o hijas cumplieran doce años.
	Actual
	En la nueva redacción se extiende este derecho a todos aquellos trabajadores que tengan necesidad de cuidado respecto de los hijos o hijas mayores de doce años, cónyuge o pareja de hecho, familiares por consanguinidad hasta el segundo grado de la persona trabajadora, así como de otras personas dependientes cuando, en el último caso, convivan en el mismo domicilio, y que por razones de edad, accidente o enfermedad no puedan valerse por sí mismo, debiendo justificar las circunstancias en las que fundamenta su petición.
	Además se reducen los plazos de negociación con la empresa.

Continúa en página siguiente >>

<< Viene de página anterior

Artículo 37.3

Anterior

Se introducen numerosas modificaciones en su redacción. Puede leerse la redacción actual en la columna contigua.

Actual

En el apartado 3.a se añade al permiso de matrimonio a las parejas de hecho.

En el 3.b, el permiso en caso de accidente o enfermedad grave, hospitalización o intervención quirúrgica sin hospitalización se amplía a 5 días y serán beneficiarios de este permiso: el cónyuge o pareja de hecho, familiares o parientes hasta el 2º grado, incluidos los de la pareja de hecho y cualquier otra persona distinta a las anteriores que conviva con la persona trabajadora en el mismo domicilio y que requiera de su cuidado efectivo.

3.b.bis. Se otorga un permiso de dos días por el fallecimiento del cónyuge, pareja de hecho o parientes hasta el segundo grado de consanguinidad o afinidad. Se ampliará en dos días más si necesita de desplazamiento.

Artículo 37.4

Anterior

Cuando ambos progenitores, adoptantes, guardadores o acogedores ejerzan este derecho con la misma duración y régimen, el periodo de disfrute podrá extenderse hasta que el lactante cumpla doce meses, con reducción proporcional del salario a partir del cumplimiento de los nueve meses.

Actual

En la redacción de este artículo se percibe un cambio en el lenguaje, en el último párrafo (reflejado en la columna contigua) , en la norma vigente, se hace referencia a "cuando ambas personas progenitoras".

Artículo 37.6

Anterior

Tendrá el mismo derecho quien precise encargarse del cuidado directo de un familiar, hasta el segundo grado de consanguinidad o afinidad, que por razones de edad, accidente o enfermedad no pueda valerse por sí mismo, y que no desempeñe actividad retribuida.

Las reducciones de jornada contempladas en este apartado constituyen un derecho individual de los trabajadores, hombres o mujeres. No obstante, si dos o más trabajadores de la misma empresa generasen este derecho por el mismo sujeto causante, el empresario podrá limitar su ejercicio simultáneo por razones justificadas de funcionamiento de la empresa.

Actual

Tendrá el mismo derecho quien precise encargarse del cuidado directo del cónyuge o pareja de hecho, o un familiar hasta el segundo grado de consanguinidad y afinidad, incluido el familiar consanguíneo de la pareja de hecho, que por razones de edad, accidente o enfermedad no pueda valerse por sí mismo, y que no desempeñe actividad retribuida.

Las reducciones de jornada contempladas en este apartado constituyen un derecho individual de los trabajadores, hombres o mujeres. No obstante, si dos o más trabajadores de la misma empresa generasen este derecho por el mismo sujeto causante, el empresario podrá limitar su ejercicio simultáneo por razones fundadas y objetivas de funcionamiento de la empresa, debidamente motivadas por escrito, debiendo en tal caso la empresa ofrecer un plan alternativo que asegure el disfrute de ambas personas trabajadoras y que posibilite el ejercicio de los derechos de conciliación.

En el ejercicio de este derecho se tendrá en cuenta el fomento de la corresponsabilidad entre mujeres y hombres y, asimismo, evitar la perpetuación de roles y estereotipos de género».

Continúa en página siguiente >>

<< Viene de página anterior

Artículo 37.9	**Anterior** Se incluye este nuevo apartado. **Actual** Permiso en caso de necesitar presencia inmediata por causa de fuerza mayor por motivos familiares urgentes con familiares o personas convivientes en caso de enfermedad o accidente. Teniendo derecho a que las horas de ausencia sean retribuidas equivalente a cuatro días al año.
Artículo 45.1	**Anterior** Se introduce un nuevo apartado en el artículo. **Actual** Se añade el disfrute del permiso parental.
Artículo 46.3	**Anterior** *También tendrán derecho a un periodo de excedencia, de duración no superior a dos años, salvo que se establezca una duración mayor por negociación colectiva, los trabajadores para atender al cuidado de un familiar hasta el segundo grado de consanguinidad o afinidad, que por razones de edad, accidente, enfermedad.* **Actual** Se redacta el artículo siguiendo un leguaje inclusivo. Además se introducen los siguientes cambios: *También tendrán derecho a un periodo de excedencia, de duración no superior a dos años, salvo que se establezca una duración mayor por negociación colectiva, los trabajadores para atender al cuidado del cónyuge o pareja de hecho, o de un familiar hasta el segundo grado de consanguinidad y por afinidad, incluido el familiar consanguíneo de la pareja de hecho, que por razones de edad, accidente, enfermedad o discapacidad no pueda valerse por sí mismo, y no desempeñe actividad retribuida.* *En el ejercicio de este derecho se tendrá en cuenta el fomento de la corresponsabilidad entre mujeres y hombres y, asimismo, evitar la perpetuación de roles y estereotipos de género».*
Artículo 48.6	**Anterior** *En el supuesto de discapacidad del hijo o hija en el nacimiento, adopción, en situación de guarda con fines de adopción o de acogimiento, la suspensión del contrato a que se refieren los apartados 4 y 5 tendrá una duración adicional de dos semanas, una para cada uno de los progenitores. Igual ampliación procederá en el supuesto de nacimiento, adopción, guarda con fines de adopción o acogimiento múltiple por cada hijo o hija distinta del primero.* **Actual** *En el supuesto de discapacidad del hijo o hija en el nacimiento, adopción, en situación de guarda con fines de adopción o de acogimiento, la suspensión del contrato a que se refieren los apartados 4 y 5 tendrá una duración adicional de dos semanas, una para cada una de las personas progenitoras. Igual ampliación procederá en el supuesto de nacimiento, adopción, guarda con fines de adopción o acogimiento múltiple por cada hijo o hija distinta del primero. En caso de haber una única persona progenitora, esta podrá disfrutar de las ampliaciones completas previstas en este apartado para el caso de familias con dos personas progenitoras».*

Continúa en página siguiente >>

<< Viene de página anterior

Artículo 48 bis	**Anterior** Se introduce este nuevo artículo. **Actual** Este artículo reconocer el derecho a un permiso parental por un año para el cuidado de hijo o hija o menor acogido hasta que cumpla ocho años.
Artículo 53.4	**Anterior** *a) La de las personas trabajadoras durante los periodos de suspensión del contrato de trabajo por nacimiento, adopción, guarda con fines de adopción, acogimiento, riesgo durante el embarazo o riesgo durante la lactancia natural a que se refiere el artículo 45.1.d) y e), o por enfermedades causadas por embarazo, parto o lactancia natural, o la notificada en una fecha tal que el plazo de preaviso concedido finalice dentro de dichos periodos.* *b) La de las trabajadoras embarazadas, desde la fecha de inicio del embarazo hasta el comienzo del periodo de suspensión a que se refiere la letra a); el de las personas trabajadoras que hayan solicitado uno de los permisos a los que se refieren los apartados 4, 5 y 6 del artículo 37, o estén disfrutando de ellos, o hayan solicitado o estén disfrutando la excedencia prevista en el artículo 46.3; y el de las personas trabajadoras víctimas de violencia de género, por el ejercicio de su derecho a la tutela judicial efectiva o de los derechos reconocidos en esta ley para hacer efectiva su protección o su derecho a la asistencia social integral.* **Actual** *a) El de las personas trabajadoras durante los periodos de suspensión del contrato de trabajo por nacimiento, adopción, guarda con fines de adopción, acogimiento, riesgo durante el embarazo, riesgo durante la lactancia natural, a que se refiere el artículo 45.1.d) y e), disfrute del permiso parental a que se refiere el artículo 48 bis, o por enfermedades causadas por embarazo, parto o lactancia natural, o cuando se notifique la decisión en una fecha tal que el plazo de preaviso concedido finalice dentro de dichos periodos.* *b) El de las trabajadoras embarazadas, desde la fecha de inicio del embarazo hasta el comienzo del periodo de suspensión a que se refiere la letra a); el de las personas trabajadoras que hayan solicitado uno de los permisos a los que se refiere el artículo 37, apartados 3.b), 4, 5 y 6, o estén disfrutando de ellos, o hayan solicitado o estén disfrutando de las adaptaciones de jornada previstas en el artículo 34.8 o la excedencia prevista en el artículo 46.3; y el de las trabajadoras víctimas de violencia de género por el ejercicio de su derecho a la tutela judicial efectiva o de los derechos reconocidos en esta ley para hacer efectiva su protección o su derecho a la asistencia social integral.*

Continúa en página siguiente >>

Artículo 55.5

Anterior

b) El de las trabajadoras embarazadas, desde la fecha de inicio del embarazo hasta el comienzo del periodo de suspensión a que se refiere la letra a); el de las personas trabajadoras que hayan solicitado uno de los permisos a los que se refieren los apartados 4, 5 y 6 del artículo 37, o estén disfrutando de ellos, o hayan solicitado o estén disfrutando la excedencia prevista en el artículo 46.3; y el de las personas trabajadoras víctimas de violencia de género, por el ejercicio de su derecho a la tutela judicial efectiva o de los derechos reconocidos en esta ley para hacer efectiva su protección o su derecho a la asistencia social integral.

Actual

b) El de las trabajadoras embarazadas, desde la fecha de inicio del embarazo hasta el comienzo del periodo de suspensión a que se refiere la letra a); el de las personas trabajadoras que hayan solicitado uno de los permisos a los que se refiere el artículo 37, apartados 3.b), 4, 5 y 6, o estén disfrutando de ellos, o hayan solicitado o estén disfrutando de las adaptaciones de jornada previstas en el artículo 34.8 o la excedencia prevista en el artículo 46.3; y el de las trabajadoras víctimas de violencia de género por el ejercicio de su derecho a la tutela judicial efectiva o de los derechos reconocidos en esta ley para hacer efectiva su protección o su derecho a la asistencia social integral.

Actividades

4. Indicar cuáles son los artículos y apartados del Estatuto de los Trabajadores que son modificados por el Real Decreto-ley 5/2023, de 28 de junio, que afectan a la conciliación de la vida laboral, profesional y familiar.

Aplicación práctica

Usted es el propietario de un comercio que se encuentra ubicado en la ciudad de Sevilla cuya actividad es la venta de artículos de regalo, textil y souvenirs. El comercio, situado en pleno centro de la ciudad, tiene una superficie destinada a exposición y venta de 220 m2. Con usted trabajan dos empleados (un hombre y una mujer) que se ocupan de la venta y atención del cliente. Por experiencia sabe que los periodos fuertes de ventas se concentran en las fiestas navideñas, Semana Santa, Feria de Abril y los meses estivales de junio a septiembre. Según la normativa vigente que afecta a los horarios comerciales

Continúa en página siguiente >>

<< Viene de página anterior

y a la conciliación de la vida laboral, familiar y personal deberá establecer un horario de comercio y determinar las medidas a adoptar para la implantación de un plan de conciliación, teniendo en cuenta que la Junta de Andalucía impone un máximo de 90 horas semanales de apertura, y que para el 2023, los domingos y festivos que pueden abrir los comercio son el 02/01, 08/01, 06/04, 30/04, 02/07, 30/07, 15/08, 12/10, 1/11, 26/12, 3/12, 8/12, 10/12, 17/12/, 24/12 y 31/12.

SOLUCIÓN (propuesta)

En primer lugar, la legislación general vigente establece que el comercio, al encontrarse en una zona de gran afluencia turística (Sevilla), dispone en principio de libertad para fijar el horario comercial, no siendo superior a 90 horas semanales y pudiendo abrir 16 domingos y festivos. No obstante, las comunidades autónomas podrán modificar tanto las horas semanales como los festivos según sus necesidades comerciales. Por tanto, una solución válida sería:

▮ Para el horario semanal la Junta de Andalucía establece un máximo de 90 horas semanales que se podrían repartir de la siguiente forma: martes a jueves de 09:00 H a 14:00 H y de 16:00 H a 21:00 H; de viernes a domingo 09:00 H a 15:00 H y de 16:00 H a 22:00 H. En total hacen 69 horas a la semana. Se cumple de esa forma con la normativa de la Junta de Andalucía que establece como máximo 90 horas semanales.
▮ La Junta de Andalucía establece como máximo 16 domingos y festivos en los que se podrá permanecer abiertos, los cuales para el 2023, son: el 02/01, 08/01, 06/04, 30/04, 02/07, 30/07, 15/08, 12/10, 1/11, 26/12, 3/12, 8/12, 10/12, 17/12/, 24/12 y 31/12.
▮ Dicho horario podrá ser modificado en periodos de fuertes ventas siempre y cuando no supere el máximo establecido por la Junta de Andalucía.

En segundo lugar, y dado que se tiene como trabajadores a una mujer y a un hombre, las medidas a adoptar para la conciliación de la vida laboral, familiar y personal son:

▮ Trabajo por objetivos.
▮ Retribución flexible basada en la consecución de los objetivos alcanzados.
▮ Flexibilidad horaria mediante la implantación de turnos rotativos dado el elevado número de horas y fines de semana laborales.
▮ Pago o pago parcial del coste de guardería.
▮ Días de asuntos propios, siendo estos posibles en días festivos o domingos.
▮ *Tickets* de comida o vales descuento para aquel empleado que no le sea posible el almuerzo en su domicilio.

4. Asistencia postventa

La **posventa** se define como el conjunto de esfuerzos realizados por el empresario una vez efectuada la venta con el objetivo de satisfacer al cliente y asegurarse una compra regular o repetida. Estos esfuerzos podrán ser catalogados como materiales o inmateriales, pero ambos formarán parte del proceso de calidad llevado a cabo por el empresario. Por tanto, la calidad en el pequeño comercio debe de ser uno de los objetivos principales a conseguir por el empresario, ya que esta va a ser un valor añadido de sus productos y/o servicios para sus clientes y un elemento diferenciador muy importante para sus competidores.

La calidad en el servicio en el pequeño comercio o en el comercio de proximidad viene dada por multitud de ejemplos, desde los envoltorios de los productos (papel de regalo, empaquetamiento de artículos, bolsas de compra, etc.) a información sobre el tipo de producto o servicio por parte de personal especializado, experiencias propias y de otros clientes acerca del funcionamiento del artículo adquirido por el cliente, etc. Es por ello que el comerciante debe preocuparse durante todo el proceso de venta de todos y cada uno de los aspectos necesarios para la consecución de la satisfacción y fidelización de sus clientes. Es reveladora la frase de James Gulliver, (1988): "Para vender al detalle hay que ser detallista".

El trato amable y cordial hacia el cliente es indispensable en el proceso de posventa si se quiere transmitir una imagen de calidad en el pequeño comercio.

Es muy importante que el comerciante supere las expectativas que el cliente tiene sobre los productos y/servicios, ya que va a motivar e influir de manera significativa en la toma de decisión de compra, así mismo, el comerciante no debe olvidar un aspecto de relevancia como los costes de la no calidad, es decir, lo que al comerciante le cuesta un cliente que ha quedado insatisfecho valorado en unidades monetarias. El cálculo de dichos costes se puede realizar de forma sencilla si se tienen en cuenta los siguientes datos:

- En caso de insatisfacción el 96 % de los clientes no se queja nunca, simplemente se marcha y no vuelve más.
- Los clientes que han quedado muy satisfechos transmiten su satisfacción a tres personas o menos.
- Los clientes que han quedado insatisfechos transmiten su insatisfacción a nueve personas o más. Esto es debido a que una mala experiencia siempre será un motivo excepcional de conversación.
- Conseguir vender a un nuevo cliente cuesta casi 5 veces más que venderle a un cliente habitual, ya que implica un mayor esfuerzo de posventa.
- Perder un cliente es mucho peor que perder una venta, ya que el cliente tiene valor de por vida, que es todo lo que el cliente puede consumir.

Con estos datos, los cálculos son sencillos:

- Si un comercio tiene 1 cliente insatisfecho, significa que 20 clientes insatisfechos de estos servicios y/o productos no se han quejado.
- Si cada uno de esos 20 clientes insatisfechos que no se quejaron, transmite su insatisfacción a 9 personas, se tienen 180 personas que se encuentran negativamente influenciadas acerca de estos productos y/o servicios.
- 180 personas negativamente influenciadas que muy posiblemente no adquieran nunca un producto y/o servicio por 5 veces su coste, significa que se puede llegar a perder hasta 900 veces el coste del producto.
- 180 personas influenciadas negativamente multiplicado por el valor de vida de cada uno, supone para un comercio una enorme cantidad de dinero potencialmente perdido.

Actividades

5. Explicar qué es lo que hace que un producto y/o servicio sea definido como de calidad.

La **Norma UNE 175001,** como norma general aplicable a las actividades comerciales, es la que define los requisitos de calidad para dichas actividades y sus servicios adicionales pretendiendo ser un motor de mejora continua en el servicio para el pequeño comercio.

Los **objetivos** que persigue esta norma son:

- Mejorar la calidad del servicio que se presta a los clientes.
- Mejorar la imagen del establecimiento.
- Aumentar las competencias profesionales del personal.
- Promover la mejora continua.
- Adaptar el pequeño comercio a las demandas actuales.

La implantación de esta norma supone además una serie de **ventajas** para:

- **Los clientes de los pequeños comercios:** ya que es una garantía de la calidad del servicio y una muestra de la preocupación del establecimiento hacia la prestación de un servicio de calidad y excelencia.
- **Los proveedores:** facilitando el acceso a nuevos proveedores ya que les garantiza que el servicio prestado en el establecimiento comercial aporta un valor añadido a la imagen del producto y/o servicio.
- **Los propios establecimientos:** mediante la introducción de una racionalidad en los procesos de venta y mejora de la gestión, lo que supone una ventaja competitiva y una defensa contra la competencia desleal.

A modo de conclusión, en relación a la calidad y servicio de posventa en el comercio de proximidad, el pequeño comerciante no puede descuidar en absoluto los productos y/o servicios de posventa que ofrece, ya que implica una pérdida importante de clientes, y esto es un lujo que en la actualidad este tipo de comercios no se puede permitir.

Actividades

6. Buscar en internet lo que significan las siglas UNE, qué es una norma, para qué sirve y quién elabora estas normas.

5. Pautas de atención y asesoramiento al cliente propias del pequeño comercio

En el pequeño comercio, la inmensa mayoría de los productos o servicios poseen características muy similares, es por ello que los esfuerzos que deben realizar los comerciantes para diferenciarse respecto de sus competidores se realicen a través de un servicio de atención y asesoramiento al cliente.

Mediante el trato personalizado del cliente, el esmero en los detalles, la disposición al servicio de los empleados, el cumplimiento de los servicios complementarios a la venta, etc. se logra complacer y fidelizar a los clientes. En la atención al cliente la comunicación es fundamental, ya que es la base de todas las relaciones con el cliente, debiendo de prestarse atención tanto a la comunicación verbal como a la no verbal.

Nota

En todo proceso de comunicación intervienen los siguientes elementos:

- Emisor. Persona que se encarga de transmitir el mensaje.
- Receptor. Persona que recibe el mensaje, lo descifra e interpreta.

Continúa en página siguiente >>

<< Viene de página anterior

▍ Mensaje. Es lo que se quiere transmitir.
▍ Canal. Medio por el que se transmite el mensaje.
▍ Código. Forma en la que se está la información intercambiada entre el emisor y el receptor.
▍ Contexto. Situación externa en la que se desarrolla el acto de comunicación.

5.1. La comunicación verbal

Se define la **comunicación verbal** como aquella comunicación en la que se utilizan palabras habladas o escritas para transmitir un mensaje, siendo este coherente y debiendo de cuidar los siguientes aspectos:

- **La calidez de la voz:** la voz chillona denota ordinariez, la quebradiza tristeza, la serena equilibrio, seguridad y comprensión, la fuerte denota autoridad.
- **El volumen o intensidad de la voz:** un volumen alto de voz llega a ser desagradable e irritante, y si además, se le une un tono y entonación agudo, llega a ser insoportable. Un volumen medio o bajo provoca una sensación de intimidad y confidencialidad. La persona encargada de la atención al cliente deberá por tanto modular el volumen de voz en función del tipo de conversación y los temas a tratar, ya sean estos confidenciales, reservados o con el simple objetivo de animar al interlocutor. Nunca se ha de hablar con un volumen de voz demasiado alto.
- **El acento:** se ha de utilizar de la manera más correcta para hacerse entender por el cliente con claridad, independientemente del acento del emisor debido a su lenguaje propio (idioma, dialecto, etc.).
- **El tono y la entonación:** es conveniente ir modulando el tono de la conversación durante todo el proceso de comunicación, ya que, cada momento, requerirá una cierta entonación.
- **Dicción, pronunciación y fluidez:** hay que prestar especial atención a la forma de hablar, ya que se deberán evitar los tics, coletillas en las frases y las llamadas muletillas (palabras que con demasiada asiduidad se introducen en las frases que se pronuncian, como por ejemplo, bueno, vale, de acuerdo, etc.). Hay que vocalizar correctamente.

- **Velocidad o ritmo del habla:** una velocidad excesiva del habla puede provocar una falta de entendimiento entre el cliente y el comerciante, dando lugar a falsas interpretaciones y a la necesidad de repetir lo ya explicado.

- **Tiempo de habla:** se ha de ser moderado en el tiempo de habla tanto del cliente como del comerciante, repartiendo dicho tiempo al 50 %, ya que es de vital importancia dejar al cliente expresarse sin agobios.

- **El uso del lenguaje:** el lenguaje ha de ser correcto, sin demasiados tecnicismos o vulgarismos. El comerciante, mediante un lenguaje correcto, ha de adaptarse al vocabulario del cliente haciéndose entender y explicar los tecnicismos necesarios.

- **Saber escuchar:** el saber escuchar al cliente provocará un clima de confianza, ya que indica una actitud receptiva que el cliente agradecerá.

- **Interferencias:** será necesaria la eliminación de las posibles interferencias o ruidos que se puedan producir en el proceso de comunicación. Música ambiental, excesivo volumen al hablar los demás dependientes, clientes, etc. son aspectos a tener en cuenta ya que son potenciales interferencias en el proceso de comunicación.

 Actividades

7. Responder razonadamente al siguiente supuesto: Marcos es comercial de un pequeño concesionario de vehículos de ocasión, es invierno y ha cogido un gran resfriado. Teniendo en cuenta los aspectos que caracterizan la comunicación verbal, ¿cómo cree que puede afectar la enfermedad en el desempeño de su trabajo?

5.2. La comunicación no verbal

Otro de los aspectos importantes en el proceso de atención al cliente es la **comunicación no verbal.** Esta se define como la expresión y apariencia física del emisor que provoca en el receptor una serie de sentimientos, emociones e informaciones que no han sido transmitidas mediante el lenguaje verbal o hablado.

Tanto la comunicación verbal como la no verbal van íntimamente ligadas y no es posible que vayan separadas en el proceso de atención al cliente, de hecho, se utilizan conjuntamente para influenciar e impresionar a la otra persona, ya que pueden reemplazar a las palabras, enfatizar los mensajes o regular las conversaciones. Los aspectos más importantes a tener en cuenta en la comunicación no verbal durante el proceso de atención al cliente son:

- **La expresión facial:** la cara es una de las partes del cuerpo humano con un mayor número de músculos, es por ello que la cara va a reflejar una enorme cantidad de señales que van a ser transmitidas al cliente. Es sumamente conveniente que el comerciante reciba al cliente con una sonrisa y la mantenga durante todo el proceso de venta, pues demuestra acuerdo y entendimiento. Un simple mal gesto por un motivo ajeno al proceso de venta puede dar entender al cliente una mala disposición del comerciante hacia este, dando lugar a un rechazo del cliente hacia el profesional y su comercio, producto y/o servicio.
- **El contacto ocular:** es muy importante en el proceso de comunicación. El comerciante ha de mirar siempre directamente a los ojos del cliente ya que de otro modo podría ser entendido como una forma de evitar la comunicación con él. Se ha de mirar directamente pero no de forma insistente o amenazantemente, lo que provocaría una situación intimidatoria e incómoda para el cliente.
- **Gestos y movimientos posturales:** al igual que la cara, las manos son la otra parte del cuerpo que pueden expresar un mayor número de connotaciones en la comunicación no verbal. Se ha de evitar:

  - Dirigir el dedo índice al cliente, ello indica amenaza.
  - Las manos cerradas, ya que indican rechazo o nerviosismo.
  - Los brazos cruzados con las manos ocultas. Estos indican indiferencia, negatividad, defensa y superioridad.
  - Los movimientos rápidos, ya que indican nerviosismo.

Se ha de favorecer una postura de manos centrada en el abdomen sin llegar a estar cerradas, este gesto indica conciliación, comprensión y tranquilidad. Las manos abiertas con las palmas hacia arriba indican apertura, entendimiento y ofrecimiento. Al recibir o despedir al cliente se le ha de dar la mano con firmeza pero sin ejercer una fuerza excesiva, moviendo las manos arriba y abajo entre dos y tres veces; esta forma de actuar va a indicar cordialidad, calidez y cercanía.

- **La postura corporal:** la postura general del cuerpo en aquellos casos en los que el cliente tiene la posibilidad de apreciarla en su totalidad va a resultar muy importante, ya que esta va a reflejar la actitud de uno mismo y de este hacia el cliente. El comerciante, dependiente o profesional deberá evitar estar de perfil o de espaldas pues indica rechazo. Se ha de favorecer una postura vertical, ya sea sentada o de pie, pues indica seguridad y profesionalidad. El estar de pie al recibir una persona va a expresar una buena disposición hacia el cliente.
- **Distancia y proximidad con el cliente:** en este aspecto se ha de tener en cuenta la división de cuatro zonas en el denominado **espacio personal,** siendo este el área definida por cada persona en la que no se deja que entren intrusos. Las cuatro zonas son:

  - Íntima (0 a 45 cm): esta es la zona dada a la familia y a la pareja.
  - Personal (45 a 120 cm): zona establecida para las personas más allegadas.
  - Social (120 a 365 cm): esta es la zona que las personas establecen para las amistades, compañeros, etc.
  - Pública (más de 365 cm): es la zona delimitada para el público en general, es decir, para los desconocidos.

Es por tanto de vital importancia saber identificar y mantener las distancias adecuadas con el cliente, ya que esta distancia no va a ser la misma para un cliente habitual que para un nuevo cliente que ha entrado por primera vez en el establecimiento.

El cliente siempre va estar pendiente de los movimientos, palabras y expresiones, por lo que se deberá de estar vigilante a todos estos aspectos, pues todos ellos van a dar una imagen o no de profesionalidad, actitud positiva, soltura y conocimiento de los productos y/o servicios que se comercializan.

Es de vital importancia que una vez que se inicia el proceso de atención al cliente no se establezcan conversaciones con otros compañeros o se deje abandonado al cliente para atender a otro cliente u otras tareas, ya que todo ello va dar una sensación de abandono, prisa por acabar o falta de interés.

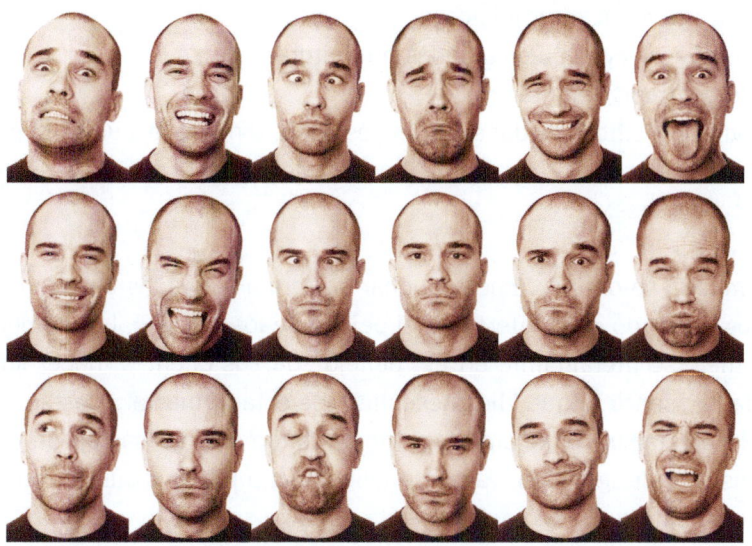

Distintas expresiones que puede adoptar el rostro humano (comunicación no verbal)

5.3. Empatía y escucha activa

Otro de los aspectos importantes en el proceso de atención y asesoramiento en el pequeño comercio son la **escucha activa** y **la empatía.**

Se define escucha activa como el saber escuchar y entender la comunicación desde el punto de vista del que habla. Por tanto, no se trata solo de oír (percibir las vibraciones sonoras e interpretarlas), sino de entender lo que se oye, comprendiendo y dando sentido a lo escuchado desde el punto de vista del interlocutor. Para ello se deberá de tener una disposición psicológica previa, es decir, prepararse para escuchar, observar al cliente e identificar lo que quiere transmitir, así como expresar al cliente que se le está escuchando mediante la comunicación verbal (con expresiones como ya veo, *umm,* etc.) y no verbal (contacto visual, postura corporal, gestos, etc.).

En la escucha activa se deberá evitar siempre:

- La distracción durante la atención al cliente independientemente de la duración de esta.
- Las interrupciones mientras el cliente esté expresándose.
- Juzgar o realizar prejuicios.
- No ofrecer ayuda o soluciones prematuras.
- No contraargumentar.
- Evitar el "síndrome del experto", es decir, tener la respuesta al problema planteado por el cliente antes incluso de que este acabe de explicar sus necesidades.

La **empatía** se define como escuchar de forma activa las emociones y sentimientos, tratando de "meterse en el pellejo de los demás". Los comerciantes han de meterse literalmente en el "pellejo" de sus clientes, hacer suyas sus necesidades, sentir lo que ellos necesitan, de esta forma van a estar en disposición de prestar un inmejorable servicio, dando una sensación de cercanía, comprensión y de igualdad, ya que el cliente va a percibir que el comerciante siente realmente qué es lo que necesita, cómo y cuándo lo necesita.

 ## Actividades

8. Señalar cuál es la diferencia básica entre escucha activa y empatía. Justificar razonadamente la respuesta.

 ## Aplicación práctica

Joaquín, junto a su familia, es el propietario de un comercio de electrodomésticos en una de las zonas más céntricas de la ciudad. Hasta la fecha era el único comercio de este tipo pero recientemente han abierto una nueva tienda de electrodomésticos perteneciente a una multinacional famosa. Ante las posibles pérdidas de clientes, Joaquín decide cambiar el trato dado a sus clientes con la idea de prestar un mejor servicio. Ayude al comerciante y realice una descripción de las acciones a seguir por él y sus empleados en relación a la atención y asesoramiento al cliente en su establecimiento.

Continúa en página siguiente >>

<< Viene de página anterior

SOLUCIÓN (Propuesta)

En relación a la comunicación verbal:

▌ Voz cálida, agradable y no chillona.
▌ Volumen de la voz acorde con el ambiente sonoro del comercio. Si fuese necesario se bajará el volumen del hilo musical.
▌ Utilizar el acento propio del comercial siendo correcto, sin la utilización de vulgarismos, expresiones malsonantes, y en la medida de lo posible, adaptándose al lenguaje del cliente.
▌ Velocidad del habla no demasiado rápida, adaptada a la capacidad de entendimiento del cliente.
▌ Saber escuchar las necesidades del cliente y no interrumpirlo o ser interrumpido por compañeros u otras tareas dejando solo al cliente.

En relación a la comunicación no verbal:

▌ Ir bien vestido y aseado, acorde con la imagen de la empresa.
▌ Expresión facial relajada, sin gestos extraños que puedan ser mal interpretados por el cliente y tener siempre la sonrisa en la cara.
▌ Contacto ocular constante con el cliente y acompañantes.
▌ Manos en posición cordial y postura erguida. No tocar al cliente en exceso y no invadir su zona personal o íntima.
▌ Realizar siempre una escucha activa y ser empático, intentando ponerse en la piel del cliente para conocer realmente sus necesidades, inquietudes y dudas respecto del producto.

6. Servicios complementarios a la venta

En la actualidad existen multitud de servicios complementarios a la venta que forman parte de la denominada asistencia posventa. Son servicios realizados por el comerciante una vez que la venta se ha efectuado con éxito. Estos servicios engloban el pago de producto y/o servicio mediante tarjeta (crédito o débito), pago aplazado (financiación, crédito), vales descuento, regalos mediante programas de puntos, entrega a domicilio, etc.

Todos estos servicios, la mayoría gratuitos para el cliente, van a ser un valor añadido para los productos y/o servicios, así como para el establecimiento, mejorando la imagen del mismo, fidelizando a los clientes y asegurando de esta forma futuras compras.

6.1. Pago con tarjeta

El pago con tarjeta es una de las formas de pago más extendidas en la actualidad. Hoy en día son pocos los comercios que no poseen este medio de pago entre las formas de cobro habituales a sus clientes. Además, hay que tener en cuenta que con la Ley 11/2021, de 9 de julio, los pagos en efectivo quedan limitados a 1.000 euros.

Dicho pago se realiza mediante la utilización, por parte del comerciante, del llamado TPV (Terminal Punto de Venta o datáfono) que puede ser físico o virtual (las llamadas pasarelas de pago utilizadas en las tiendas virtuales en internet). Por parte del cliente será necesaria la utilización de uno de los dos tipos de tarjetas que las entidades bancarias ponen a disposición de sus clientes para poder realizar este tipo de pagos:

- Tarjetas de débito
- Tarjetas de crédito

Visa (Visa International Service Association) es una empresa de pago con tarjetas de crédito y débito que funciona a nivel mundial.

Las **tarjetas de débito** son aquellas con las que el usuario realiza el pago de sus compras hasta el saldo disponible en la cuenta corriente bancaria asociada a dicha tarjeta, es decir, el consumidor solo podrá realizar compras por un valor igual o menor al dinero disponible en su cuenta corriente. Por dicha operación y dependiendo de la entidad financiera, esta podrá repercutir una serie de comisiones bancarias por la utilización de la tarjeta, o en otros casos, cargar en la cuenta corriente del cliente una comisión de mantenimiento anual por el hecho de disponer de dicha tarjeta.

Las **tarjetas de crédito** se diferencian de las anteriores en que el cliente dispone de una cuantía determinada para realizar las compras, independientemente del saldo que posea en su cuenta bancaria. De esta forma, el consumidor podrá realizar compras por valor igual o inferior al crédito asignado a la tarjeta teniendo este dinero disponible o no en su cuenta corriente bancaria.

Posteriormente, y en el plazo fijado en el contrato de dicha tarjeta, la entidad financiera irá cargando en la cuenta corriente asociada a dicha tarjeta las cantidades dispuestas del crédito de la misma y en las condiciones de plazos e importes pactados entre el cliente y su entidad financiera. Este tipo de tarjetas pueden llegar a tener un coste de mantenimiento o comisiones bancarias (al igual que las tarjetas de débito), o el cobro de un interés en los plazos establecidos para el cobro de la cantidad del crédito dispuesto.

La introducción de este medio de pago supone para el pequeño comercio asumir un coste financiero por transacción realizada, que, en algunas ocasiones, puede llegar a no ser rentable para el comerciante. Dicho coste puede ser calculado por cada una de las transacciones mediante un importe fijo, sea cual sea el importe de la venta, o mediante el pago de una cuota mensual, al estilo de una tarifa plana, además del alquiler o venta del TPV (Terminal Punto de Venta).

Por tanto, el comerciante deberá de estudiar financieramente la posibilidad de introducir este medio de cobro, así como los pros y contras que conllevaría el no disponer para su clientela del medio de pago más extendido en la actualidad, ya que en muchos casos, el disponer de distintos medios de pago, como el pago con tarjeta de distintas empresas de pago (VISA, MASTERCARD, etc.), es una señal inequívoca de servicio de calidad y valor añadido.

En la actualidad, el pago con instrumentos distintos al efectivo ha aumentado en un 12,5 % en la zona euro, según datos del Banco Central Europeo, además se debe tener en cuenta que el 49 % de estas operaciones fueron con tarjeta. El uso de la banca digital ha propiciado este cambio. Han aparecido otros soportes, ya que pueden realizarse pagos con tarjetas virtuales a través de los *smartphone* con NFC y *smartwacht.*

6.2. Pago aplazado

El pago aplazado es un medio de pago algo menos usual en el pequeño comercio o comercio de proximidad. Es la forma de pago elegida para compras cuyos importes son elevados. En este medio intervienen tres personas:

- El cliente consumidor.
- El vendedor o comerciante.
- El Establecimiento Financiero de Crédito (EFC) o financiera.

 Definición

Establecimiento Financiero de Crédito (EFC) o entidades de crédito
Son entidades que se dedican a realizar operaciones de crédito en el ámbito del arrendamiento financiero *(leasing), factoring* (cesión de carteras de créditos), créditos al consumo, hipotecarios, tarjetas, avales, etc.

En ocasiones, un cliente realiza una compra pero no puede hacer frente a su pago a través de efectivo o tarjeta. Es por ello que en muchos establecimientos ofrecen la posibilidad de que este abone el importe del bien y/o servicio adquirido mediante el pago periódico de cuotas de igual cuantía en las que se incluyen el pago de unos intereses por el aplazamiento fraccionado de la cantidad total a pagar.

El cliente, al realizar la compra y firmar un contrato de financiación con el vendedor a través del Establecimiento Financiero de Crédito, paga de forma fraccionada el importe de la compra a la financiera (EFC), cobrando el vendedor de manera íntegra el importe de la venta en el momento del cierre de la misma. De esta forma, el cliente no abona en su totalidad el importe total de compra, y el vendedor no sufre posibles tensiones de tesorería por falta de liquidez al tener que ser él el que asuma el coste de la financiación de bien y/o servicio vendido al cliente.

No todos los pequeños comercios utilizan esta forma de pago, pues la mayoría de los mismos no poseen bienes y/o servicios cuyos importes requieran ser financiados para poder ser abonados por sus clientes. No obstante, es una forma muy válida y posee grandes ventajas para el comerciante ya que:

- Elimina la posibilidad de sufrir falta de liquidez puesto que el importe de la venta es cobrada íntegramente y en el acto.
- En caso de impago por el cliente es el Establecimiento Financiero de Crédito el que realiza las acciones pertinentes para el cobro de la deuda.
- Es un medio de pago que supone un bajo coste financiero para el comerciante.

 Sabía que...

Otra forma de pago muy utilizada a través del comercio electrónico es "Paypal". Esta está ideada como una cartera digital: el usuario no tiene que utilizar datos bancarios, de tarjeta de crédito o débito, ni compartirlos con el vendedor. Todo se realiza mediante el uso de un correo electrónico y una contraseña, además PayPal ofrece un plus de seguridad en todas las compras que se realizan a través de internet.

Más recientemente, Bizum se ha instaurado como forma de pago en muchos negocios. Se trata de una plataforma que permite realizar transferencias de dinero de forma instantánea y gratuita a través del número de teléfono móvil.

Actividades

9. Responder a las siguientes preguntas: ¿Qué es una letra de cambio? ¿Para qué sirve? ¿Qué personas intervienen?

6.3. Empaquetado del producto

Hoy en día, comerciantes y consumidores tienen claro que el empaquetado es una parte fundamental de los productos. Sin lugar a dudas, es uno de los servicios posventa donde más claramente se percibe el valor añadido otorgado al producto. No solo es fundamental para contener, proteger y/o conservar los productos haciendo que lleguen en óptimas condiciones, sino que se ha convertido en una herramienta más de promoción y *marketing*.

El empaquetado cumple tres funciones importantes:

- Es la parte o componente del producto que hace que este llegue en óptimas condiciones al consumidor final.
- Ayuda a vender el producto, facilitando la función de transporte haciendo que al canal de distribución le sea sencillo y quiera transportarlo, logrando una buena imagen en el consumidor final y motivando de esa forma su compra.
- Es un elemento diferenciador y una ventaja competitiva sobre la competencia, sobre todo en productos de igual calidad o características similares.

Para que el empaquetado cumpla las funciones anteriores, además de cumplir con las leyes o normativas de la industria o sector y de los organismos gubernamentales con competencias en dicha materia, es necesario que todo lo relacionado con el empaquetado del producto se realice de forma muy delicada y dándole la máxima importancia.

Es por ello que el comerciante habrá de tener en cuenta las siguientes consideraciones:

- Conocer las leyes, normativas y regulaciones vigentes para los empaquetados impuestas por los organismos gubernamentales así como la industria o sector al que pertenece.
- Identificar los gustos, necesidades y preferencias de sus clientes acerca de cómo les gustaría que el producto les llegue, cómo les gustaría conservarlo o la función que desean que cumpla el empaquetado.
- A través del empaquetado ha de encontrar la manera de diferenciarse de la competencia, sobre todo en aquellos productos de igual o similares características de calidad.
- Nunca se deben olvidar las necesidades del canal de distribución de los productos, por lo que será necesario conocer las opiniones de aquellos que distribuyen los productos, así como las posibles sugerencias que puedan realizar para una mejor manipulación, almacenamiento y transporte de los mismos.
- Se deberán realizar los cálculos necesarios para que los empaquetados no supongan un coste excesivo, evitando de esa forma que los márgenes de beneficios obtenidos por la venta del producto sean absorbidos por coste del empaquetado.
- Hay que considerar la opción de la formación de los empleados en las diversas técnicas de empaquetado. Ello conlleva una mayor profesionalidad de los mismos y dará una imagen de calidad al comercio.
- Se debe procurar que el empaquetado sea respetuoso con el medioambiente, fácil de reciclar y provocar el menor daño posible, cumpliendo de esa forma con la legislación medioambiental vigente.

 Actividades

10. Enumerar y explicar brevemente las funciones que cumple el empaquetado del producto.

6.4. Entrega a domicilio

El servicio de entrega a domicilio es el servicio de posventa por excelencia de los comercios relacionados con el sector de la alimentación. En la actualidad, es casi imposible encontrar restaurantes, pizzerías, hamburgueserías, supermercados, tiendas de ultramarinos, etc. que no incluyan entre sus servicios el reparto a domicilio.

El reparto de comida a domicilio es el servicio de entrega de productos más común entre los pequeños comercios.

La implantación de este servicio de posventa en otros sectores del comercio ha sido un paso lógico que no ha tardado excesivo tiempo en afianzarse, ya que el comerciante, independientemente del bien y/o servicio que comercializa, ha sabido comprender el valor añadido que aporta y la imagen y calidad que da a su negocio.

Actualmente, el servicio de entrega a domicilio se puede encontrar con distintas características:

- Mediante su realización de manera completamente gratuita.
- De manera gratuita por compra superior a un importe determinado.
- Disponibilidad del servicio dependiendo de la zona geográfica donde se ubique la dirección de entrega.
- Disponible solo para determinados artículos, servicios o clientes.

El servicio de entrega a domicilio podrá ser realizado por el propio comerciante mediante medios propios o ajenos (servicios de mensajería o paquetería), o mediante colaboración empresarial entre el comerciante y la empresa distribuidora. En este aspecto, las alianzas comerciales producen unas sinergias muy positivas para el comercio y para la distribuidora beneficiándose ambas de la venta realizada.

Ejemplo

Una muestra clara, pero a mucha mayor escala, es el caso de la multinacional sueca de muebles IKEA, en la que los clientes pueden tener el servicio de entrega a domicilio contratándolo por cuenta del cliente a una empresa ajena que se encuentra en las propias instalaciones de la multinacional.

6.5. Montaje e instalación

El montaje e instalación es otro de los servicios complementarios que los pequeños comercios están implantando dentro del amplio abanico de servicios adicionales que ofrecen a la venta.

Este servicio, que en la mayoría de los casos no conlleva coste alguno para el cliente, es típico de los comercios de muebles, electrónica, electrodomésticos, maquinaría, etc. y al igual que el servicio de entrega a domicilio, puede ser realizado por operarios pertenecientes al mismo comercio en el que se ha adquirido el producto, o realizado por personal externo perteneciente a una empresa que realiza este tipo de servicios o personal técnico propio de la marca del producto.

En este tipo de servicio adicional a la venta es muy recomendable que el comerciante determine los costes de dicho servicio con exactitud, dado el elevado coste que puede llegar a representar este servicio por lo requisitos personales y técnicos que se requieren para su correcto desarrollo (aumento del personal contratado, formación técnica, utillaje y materiales accesorios para el montaje, etc.).

Aplicación práctica

A María siempre le ha gustado cocinar y su especialidad son los dulces y postres. Quiere sacar provecho de su afición y ha decidido montar un pequeño negocio dedicado a la elaboración de tartas y *cupcakes* a gusto del cliente y para celebraciones de todo tipo. Su comercio se encuentra ubicado en un pequeño local en una zona céntrica y peatonal de su ciudad, posee página web, blog y perfil en las redes sociales más conocidas. Sabe que la atención personalizada del cliente es un factor clave en su negocio, por lo que decide establecer una serie de servicios complementarios con el objetivo de darle ese punto de valor añadido y profesionalidad a su recién creado negocio. Indique cuáles son los servicios adicionales a la venta que le aconsejaría implantar a María para su negocio de tartas, teniendo en cuenta los recursos de los que dispone.

SOLUCIÓN (propuesta)

Como servicios adicionales María podría ofrecer:

- Servicio de empaquetado especial dependiendo del tipo de celebración.
- En relación a los medios de pago, al disponer de tienda física y posibilidad de tienda virtual a través de su página web, puede tener las siguientes modalidades de pago:

  - Efectivo.
  - Tarjeta de crédito o débito.
  - Transferencia bancaria.
  - Contra reembolso.
  - Paypal.

- Entrega a domicilio para encargos realizados en tienda y en la tienda virtual.
- Envío a domicilios particulares, restaurantes, salones para celebraciones, etc. Posibilidad de que los portes sean gratis dependiendo del importe de la compra.
- Posibilidad de envíos a destinos internacionales mediante una empresa especializada en el transporte de este tipo de productos.
- Servicio de información de los trabajos que va realizando mediante el uso de redes sociales *(Facebook* y *X).*
- Acceso al blog de la tienda donde se pueden ver fotografías de los últimos encargos, noticias relacionadas con el sector, recetas, y foro donde los usuarios pueden compartir información y entablar conversaciones con la propietaria.

La gran cantidad de servicios adicionales a la venta que María puede poner en el comercio a disposición de sus clientes, no solo facilita la realización de la compra mediante cualquier

Continúa en página siguiente >>

<< Viene de página anterior

forma de pago y posibilidad de envío a cualquier lugar del mundo, sino que convierte la tienda virtual en un punto de encuentro de personas que tienen en común la realización de este tipo de dulces.

7. Resumen

A nivel nacional es la Ley 1/2004, de 21 de diciembre, de Horarios Comerciales, y sus posteriores modificaciones, la que regula el establecimiento de los horarios en el comercio, su publicidad y qué tipo de comercios tienen libertad horaria pudiendo tener la última palabra en esta materia las comunidades autónomas.

La sociedad demanda una conciliación de la vida familiar, laboral y personal de la cual se hacen eco los distintos gobiernos, siendo necesario como base un cambio de mentalidad y concienciación desde la misma sociedad demandante, así como una serie de medidas legales y convencionales que contribuyan a la necesaria implementación de un plan de conciliación prestando atención a aspectos tales como la flexibilidad horaria, el teletrabajo, igualdad y modificación de los roles tradicionalmente asignados a hombres y mujeres.

La asistencia posventa se ha confirmado como un factor clave a la hora de asegurarse la venta mediante la satisfacción del cliente, y de esta forma, ser capaces de obtener ventas de manera regular en el tiempo. Es por tanto que la calidad en el servicio va a marcar la diferencia entre los pequeños comercios, los cuales poseen características muy similares en la mayoría de sus productos y/o servicios. Los comerciantes deberán prestar atención a las pautas de comportamiento que mantienen con el cliente en cuanto a su atención y asesoramiento. La comunicación verbal y no verbal puede determinar el éxito o el fracaso de la venta.

Junto con la atención al cliente, los servicios complementarios a la venta son elementos esenciales para dotar al producto y/o servicio del pequeño comercio de un valor añadido identificando al establecimiento con una imagen de calidad, capaz de fidelizar a los clientes, asegurando futuras compras y diferenciando al comercio respecto de su competencia más directa.

Ejercicios de repaso y autoevaluación

1. Señale si las siguientes afirmaciones son verdaderas o falsas.

   a. La legislación vigente y posteriormente modificada sobre horarios comerciales de atención al público es la Ley 1/2004, de 21 de diciembre, de Horarios Comerciales.

      ☐ Verdadero
      ☐ Falso

   b. El número máximo de domingos y festivos que pueden permanecer abiertos los comercios según la Ley 1/2004, de 21 de diciembre, es de 10.

      ☐ Verdadero
      ☐ Falso

   c. Las comunidades autónomas son las que tienen la última palabra en materia de regulación horaria de los comercios pertenecientes a su ámbito geográfico.

      ☐ Verdadero
      ☐ Falso

2. ¿Cuál es el límite para el pago en efectivo? ¿Qué normativa lo regula?

   _____
   _____
   _____
   _____

3. ¿Qué se conoce por tienda de conveniencia?

   _____
   _____
   _____
   _____

4. **Indique cuál de los siguientes requisitos no es uno de los necesarios para el establecimiento de una zona de gran afluencia turística.**

   a. Municipios próximos a zonas portuarias de cruceros.
   b. Municipios no limítrofes o que sean áreas de influencia de zonas fronterizas.
   c. Áreas cuyo principal atractivo sea el turismo de compras.

5. **Indique si es verdadera o falsa la siguiente afirmación. "Para que la conciliación familiar, laboral y personal en el pequeño comercio pueda ser una realidad en un futuro, es indispensable un cambio de mentalidad y de concienciación en la sociedad ante los nuevos modelos de organización e igualdad entre hombres y mujeres".**

   ☐ Verdadero
   ☐ Falso

6. **Complete el siguiente texto.**

   Uno de los _____ que ofrece la conciliación de la vida laboral y familiar en los centros de trabajo es la _____ en la gestión de los recursos humanos, mejorando el _____ _____, la gestión y planificación del _____, disminuyendo el estrés y los conflictos laborales y aumentando la _____ del personal.

7. **Indique cuáles son las principales cuestiones a tener en cuenta a la hora de implantar un plan de conciliación en el pequeño comercio.**

   _____
   _____
   _____
   _____

8. **Indique cuál de los siguientes artículos y apartados del Estatuto de los Trabajadores ha sido modificado por el Real Decreto-ley 5/2003, de 28 de junio.**

   a. Apartado 1, artículo 4.
   b. Apartado 8, artículo 34.
   c. Todas las opciones son incorrectas.

9. Explique brevemente cuál es el principal objetivo que persigue la asistencia posventa.

_____

_____

10. Según la Norma UNE 175001, ¿cuál de las siguientes afirmaciones es una ventaja para el pequeño comercio?

    a. Mejora la calidad del servicio que se presta a los clientes.

    b. Mejora el acceso a nuevos proveedores, ya que les garantiza que el servicio prestado en el establecimiento aporta un valor añadido a la imagen del producto y/o servicio.

    c. Mejora la gestión del establecimiento comercial mediante la potenciación de sus recursos.

11. Relacione el tipo de comunicación con los aspectos más relevantes a tener en cuenta en el proceso de atención al cliente.

    a. Comunicación verbal

    b. Comunicación no verbal

    __ Manos abiertas en actitud relajada

    __ Una postura corporal erguida

    __ Velocidad y ritmo del habla adecuados

    __ Expresión facial sonriente

    __ Evitar las interferencias o ruidos

    __ Evitar los tics y vocalizar correctamente

    __ Contacto ocular con el cliente

    __ Saber escuchar

12. Señale si las siguientes afirmaciones son verdaderas o falsas.

    a. En la escucha activa se deberá favorecer el ofrecimiento de la ayuda o soluciones prematuras.

        ☐ Verdadero

        ☐ Falso

b. El síndrome del experto es el que se caracteriza porque el comercial tiene la respuesta al problema planteado por el cliente, antes incluso de que este acabe de explicar sus necesidades.

☐ Verdadero
☐ Falso

c. La empatía consiste en escuchar de forma activa al cliente sin tener en cuenta sus sentimientos o emociones evitando "meterse en su pellejo".

☐ Verdadero
☐ Falso

13. **Enumere las diferencias existentes entre una tarjeta de crédito y una tarjeta de débito.**

_____
_____
_____
_____

14. **En el pago aplazado de la compra, ¿cuántas personas intervienen en dicho proceso?**

a. Dos, el vendedor y el cliente.
b. Tres, el vendedor, el comercial y el cliente.
c. Tres, el vendedor o comercial, el cliente y el Establecimiento Financiero de Crédito. (EFC).

15. **Enumere las distintas consideraciones a tener en cuenta por el comerciante en relación al empaquetado.**

_____
_____
_____
_____

Capítulo 2
Comercio de calidad

Contenido

1. Introducción

El pequeño comercio o de proximidad es uno de los pilares básicos del conjunto de la economía española, de hecho, el Instituto Nacional de Estadística (INE) refleja en su estudio de demografía de empresas, que más del 80 % de las empresas activas tienen entre 0 y 4 asalariados, dedicándose más del 70 % de ellas al sector servicios.

Por tanto, estos dos indicadores (número de trabajadores por empresa y sector al que se dedican) muestran que este tipo de comercio es el principal motor de actividad social y económica de muchas regiones, y su peso en el conjunto de la economía española, muy importante.

Los cambios en la distribución comercial, poblacional, legislativos y urbanísticos, pautas de conducta de los consumidores y la situación actual económica y de empleo han hecho necesario que el comercio minorista muestre una capacidad de adaptación a todas estas nuevas circunstancias y que apuesten cada vez más por la calidad en el servicio como eje fundamental de sus actuaciones.

La implantación por parte de los comerciantes de sistemas de gestión de la calidad, así como la adopción de un código de buenas prácticas comerciales, los conducen a una situación de ventaja competitiva, mejorando la gestión del comercio minorista, potenciando el desarrollo de los recursos humanos y proporcionando a los clientes una garantía de calidad de los productos y/o servicios que van a recibir.

2. Calidad en el pequeño comercio

Los cambios que se han producido en el entorno empresarial han llevado a los pequeños comercios a buscar las soluciones necesarias para mejorar su competitividad, por ello, la elección de muchos comerciantes y pequeños empresarios de dirigir sus esfuerzos hacia la realización de actuaciones y decisiones basadas en la calidad hacen que sea esta una de las claves del éxito y un factor imprescindible para la continuidad de la empresa a largo plazo.

La mejora de los productos y/o servicios, la disminución de los costes con el consiguiente aumento de la rentabilidad de la empresa, etc. son ventajas que demuestran que la calidad es la herramienta fundamental para mejorar los beneficios del comercio, asegurando su competitividad y supervivencia.

2.1. Concepto

Calidad es un concepto que no posee una definición específica que pueda ser considerada como la más correcta. Conforme se han ido produciendo cambios en el ámbito empresarial, han ido surgiendo distintas definiciones del concepto de calidad que han proporcionado una serie de ventajas e inconvenientes tanto a los empresarios y comerciantes como a los consumidores.

Calidad, por tanto, posee distintas acepciones:

- "Cumplimiento de los requisitos" (D. Crosby), haciendo referencia a un control de calidad en el que se inspeccionan las características de los productos y/o servicios.
- "Adecuación al uso" (J. Durán), se obliga al comerciante a buscar aquel producto que se adapta mejor a las necesidades de los clientes.
- "Pérdida que el uso de un producto o servicio causa a la sociedad" (G. Taguchi), se entiende en este caso que la fabricación de un producto supone para la sociedad una pérdida en cuestiones tales como materias primas y residuos procedentes de su producción.

Una definición más adecuada del concepto de calidad es la que proponen las dos normas básicas por las que se va a regir la calidad de los productos y/o servicios en el pequeño comercio:

- La Norma UNE 175001-1:2013 "Calidad de servicio para pequeño comercio. Parte 1: Requisitos Generales".
- La Norma UNE-EN ISO 900:2015. "Sistemas de gestión de la calidad. Fundamento y vocabulario".

? Sabía que...

El acrónimo UNE significa Una Norma Española y son elaboradas por AENOR (Asociación Española de Normalización y Certificación). El acrónimo EN significa *European Norm* (Norma Europea) y el acrónimo ISO significa International *Organization for Standardization* (Organización Internacional de Estandarización).

La **Norma UNE 175001-1:2013** establece los requisitos de calidad para los servicios adicionales, actividades de venta y servicios complementarios, en la propia norma se define el concepto de calidad como "la capacidad para satisfacer las expectativas y requisitos del cliente durante la actividad de venta y la prestación de los servicios adicionales y complementarios".

El objeto de la **Norma UNE-EN ISO 9000:2015** es "describir los conceptos y principios fundamentales de la gestión de la calidad (...)", especificando los términos y definiciones que se aplican a todas las normas de gestión de calidad y de sistemas de gestión de la calidad desarrolladas por el Comité Técnico ISO/TC 176. Esta noma asegura que la calidad se determina por "la capacidad para satisfacer a los clientes, y por el impacto previsto y el no previsto sobre las partes interesadas pertinentes", pero además la calidad debe incluir no solo la función y el desempeño de los productos y servicios, sino también su valor percibido y el beneficio para el cliente.

La satisfacción va a depender de las percepciones de los clientes menos las expectativas de estos ante los productos y/o servicios del comerciante.

Por tanto, la calidad se puede definir como la medida en que un cliente percibe que un producto y/o servicio cumple o satisface con sus expectativas. De esta manera, cuando el comerciante consigue que el cliente obtenga o supere las expectativas iniciales sobre el producto y/o servicio, el comerciante tendrá un cliente satisfecho, así como una futura venta garantizada y una publicidad de su comercio, producto y/o servicio difícilmente cuantificable.

Actividades

1. Explicar razonadamente si un artículo adquirido en una tienda de las llamadas "todo a 1 € o 2 €" es de calidad.

2.2. Características

Dado que la calidad de un producto y/o servicio está íntimamente relacionada con la percepción que pueda tener el cliente en función de la satisfacción de sus necesidades o expectativas, determinar cuáles son las características que un producto y/o servicio debe tener para que sea de calidad es algo muy subjetivo porque, para lo que a una persona un determinado producto y/o servicio es de calidad, posiblemente para otra no lo sea. Ello va a depender de las distintas características que posee el producto y/o servicio y que el cliente percibe como de calidad.

Se ha de partir siempre que para que los productos y/o servicios sean percibidos como de calidad, esta sea asegurada desde su origen, es decir, desde la compra de las materias primas hasta la ejecución correcta del trabajo. Además, se ha de tener en cuenta las distintas opiniones, necesidades y expectativas de los futuros consumidores para poder ser integradas en el diseño final de los productos y/o servicios. Es obvio que la calidad es responsabilidad de todos, y en el pequeño comercio o en la empresa se origina desde el propio diseño y organización de la dirección de la empresa, así como de la capacidad de innovación y del grado de implicación de todo el personal.

Así se puede afirmar que las distintas **características** que hace que un producto y/o servicio sea considerado de calidad son:

- **Características técnicas:** aquellas que definen en sí al producto y/o servicio, como por ejemplo las características físicas, químicas, funcionales y ergonómicas pudiendo ser de tipo cualitativo o cuantitativo.

- **Características de oportunidad:** aquellas relativas al cumplimiento en tiempo, calidad y lugar.
- **Características de servicio asociado:** aquellas características ofrecidas al cliente que son diferentes de las propias del producto y/o servicio tales como el mantenimiento, garantías, repuestos, etc. Estas son denominadas servicios posventa.
- **Características de requisitos legales:** aquellas que cumplen con la legislación del país. Por ejemplo, si la empresa exporta, deberá ser identificada la característica del país de destino en el producto y/o servicio.
- **Características de seguridad:** son todas aquellas características relacionadas con los posibles riesgos en el uso o desempeño del producto o servicio respectivamente.
- **Otras:** se corresponden con todas aquellas íntimamente relacionadas con las expectativas "razonables" del cliente o el mercado que hacen posible la toma de decisión de compra del producto y/o servicio, por ejemplo, la durabilidad que el cliente espera del producto.

Aplicación práctica

Es primavera y se aproximan los mundiales de fútbol, y Marcelo, como buen aficionado que es, decide renovar su antigua televisión de plasma de 55 pulgadas por una nueva televisión de última generación, más avanzada tecnológicamente, eficiente y respetuosa con el medioambiente, ya que la que actualmente posee tiene un peso, un tamaño y un consumo energético elevado.

Él se considera un manitas y está al día en cuanto a las últimas novedades en lo que a tecnología audiovisual se refiere, pero evidentemente, el presupuesto del que dispone va a condicionar su decisión final (1.500 € en efectivo) y para ello acude a los dos únicos establecimientos existentes en su localidad donde es posible adquirir este electrodoméstico. Ayude a Marcelo, sabiendo cuáles son sus necesidades y expectativas, a elegir la televisión de mayor calidad atendiendo a las características del producto aportadas por los comerciantes.

Continúa en página siguiente >>

<< Viene de página anterior

CARACTERÍSTICAS/MODELOS	Ramsung TV55HD	Ramsung TV46HD
Dimensiones	1235.4 x 743.8 x 261.3 mm	1043.9 x 636.1 x 221.9 mm
Consumo energía	Eco Sensor	Eco Sensor
Accesorios	Incluidos	Incluidos con sobre coste
Conectividad	HMDI	HDMI/USB
Radio/Televisión	Sí	Sí
Compatibilidad	Smart control	Smart control
Características 3D	Sí	Sí
Audio	DDP y 3D	DDP y 3D
Tipo de pantalla	LED	LED
Diseño	One Desing (metal)	One Desing (súper estrecho)
Dimensiones pantalla	55 pulgadas	46 pulgadas
Envío/Recogida a domicilio	Sí/Sí (ambos sin coste)	Sí/Sí (coste envío 30 €)
Montaje/instalación	Opcional/Opcional	Sí/Sí
Tiempo de entrega	1 semana	En tienda
Financiación	Sí (máximo 12meses)	Sí (máximo 6 meses)
Precio	1.959,00 €	1.479,00 €

SOLUCIÓN

Con la información de la que dispone Marcelo, y teniendo en cuenta sus necesidades y expectativas, deberá optar por adquirir la televisión modelo Ramsung TV55HD. Justificación:

a. La televisión elegida es la de dimensiones mayores, como buen aficionado al fútbol, prefiere ver los partidos a lo grande. El tamaño no es un problema ya que el modelo elegido es más estrecho que el que posee en la actualidad (aunque no tan estrecho como el de 42 pulgadas), pero sabe que el consumo del nuevo aparato es menor, ya que cumple con la normativa medioambiental al utilizar el método *Eco Sensor.*
b. Tanto la pantalla de 55 pulgadas como la de 42 pulgadas poseen prácticamente las mismas características técnicas (compatibilidad, audio, tipo de pantalla, radio/tele-visión, características 3D) y las pocas diferencias existentes entre ambos modelos no le van a provocar una merma de la calidad cuando esté viendo los partidos de fútbol,

Continúa en página siguiente >>

<< Viene de página anterior

además, los accesorios de las pantallas, en el caso de la de 55 pulgadas, no conllevan un sobrecoste.

c. En cuanto al montaje e instalación de la pantalla, Marcelo sabe que en la actualidad todo es automático, por lo que se siente capaz de montarla e instalarla él a pesar de que en el modelo de 42 pulgadas el montaje e instalación es un servicio adicional y gratuito, además, el envío a domicilio es gratuito para la pantalla de 55 pulgadas recogiendo el personal del establecimiento el televisor viejo para reciclaje.

d. Un inconveniente de la pantalla de 55 pulgadas es que no se encuentra en tienda, por lo que tiene que esperar siete días para que se la envíen, pero como los mundiales no son hasta el verano, no le importa esperar.

e. La financiación es otro punto a su favor, sabe que el presupuesto del que dispone es limitado, de hecho, no le llega para adquirir la pantalla de 55 pulgadas, pero tiene la opción de financiarla 12 meses, de esa forma puede hacer frente al pago de una manera más cómoda y sin tener que desembolsar el importe íntegro.

f. El precio es un punto en su contra, sabe que no le llega para adquirir la pantalla de 55 pulgadas al contado, pero como tiene la facilidad de financiarla decide adquirir el modelo más caro y destinar parte de los 1.500 euros de los que dispone para comprarse un home cinema y oír los partidos de fútbol en 5.1.

2.3. Instrumentos de medición de la satisfacción del cliente

La satisfacción del cliente, como cualidad íntimamente ligada al concepto de calidad, debe ser tenida en cuenta de manera muy especial por el comerciante, de hecho, la Norma 9001:2015 la incluye como requisito y el Modelo Europeo de Excelencia Empresarial, conocido como Modelo EFQM, lo considera como uno de los criterios de mayor peso específico.

 Sabía que...

Las siglas EFQM (en inglés, modelo de calidad y excelencia) se refieren al modelo de calidad definido por la Fundación Europea para la Gestión de la Calidad.

El comerciante debe aprender que la satisfacción del cliente tiene una influencia directa en la rentabilidad de su comercio, y si no conoce lo que sus clientes desean, será imposible que pueda satisfacerlos. Entonces, ¿qué es lo que satisface a los clientes? La única forma de averiguar la respuesta a esta cuestión es preguntando a los propios clientes.

Existen distintos instrumentos a través de los cuales se puede obtener la información necesaria para evaluar el grado de satisfacción del cliente, siendo los más conocidos:

- El buzón de sugerencias.
- El panel de sugerencias *(Focus Group)*.
- Encuestas de satisfacción de clientes (ESC).
- El comprador espía *(Mystery Shopper)*.
- Informes del personal en contacto con los clientes.

 **Actividades**

2. Buscar en internet otros instrumentos de medición de la satisfacción y explicar breve-mente en qué consisten.

El buzón de sugerencias

En muchas ocasiones, los clientes no muestran su descontento o sus quejas directamente al comercio y el análisis de las quejas o reclamaciones registra-das en los libros muestra una información sesgada de la realidad, ya que son opiniones de clientes claramente insatisfechos.

Por ello, ubicar un sencillo buzón de correo en un lugar del comercio con unos formularios en papel donde los clientes o usuarios puedan expresar sus experiencias, sugerencias, así como sus quejas, es una manera sencilla y muy económica de obtener una información muy valiosa.

El buzón de sugerencias ubicado en el establecimiento es considerado un instrumento valioso a la hora de recabar información de los clientes.

Una gran desventaja de este instrumento es su baja tasa de participación. La gran mayoría de los clientes no toman en serio esta manera de expresar sus necesidades y aquel cliente que utiliza este instrumento, normalmente, ya se encuentra en una situación de elevada satisfacción o insatisfacción.

El panel de sugerencias *(Focus group)*

El panel de sugerencias o paneles de grupo son un instrumento de medición de la satisfacción de la clientela que consiste en la creación, por parte del establecimiento, de un grupo de clientes a los cuales, de manera periódica, se les realiza una serie de preguntas en relación al producto y/o servicio, teniendo como objetivo obtener el grado de satisfacción de los clientes antes, durante y después de realizar la compra del producto y/o servicio.

Una gran desventaja de este instrumento es su elevado coste debido a los recursos materiales y humanos necesarios. Otra de sus desventajas proviene del tamaño del grupo o tamaño de la muestra, la cual puede no ser representativa del conjunto de la población objeto del estudio.

Encuestas de satisfacción de clientes (ESC)

Las encuestas de satisfacción de clientes (ESC) consisten en obtener información entrevistando a un número determinado de clientes sobre su experiencia antes, durante y después de realizar el proceso de compra de diferentes aspectos que afectan al producto y/o servicio. En un principio, el panel de sugerencias y las encuestas de satisfacción parecen instrumentos similares, pero las encuestas se diferencian del panel en que este engloba a un grupo determinado de clientes que de manera periódica son entrevistados, mientras que en las encuestas el grupo de clientes es distinto cada vez y estas no se realizan de manera periódica.

	Marque con una X su nivel de satisfacción respecto a cada pregunta	No aplica	Muy insatisfecho	Insatisfecho	Satisfecho	Muy satisfecho
Elementos tangibles	Los equipos, ¿son de apariencia moderna?					
	Los empleados, ¿tienen apariencia pulcra?					
	Los materiales observados, ¿son atractivos?					
	Los vehículos de transporte, ¿están bien presentados?					
Fiabilidad	¿La empresa realiza los procesos en el tiempo prometido?					
	Al presentarse un problema, ¿existe un sincero interés en solucionarlo?					
	¿Se atiende a tiempo las quejas y reclamaciones?					
	¿Se registran los tipos de errores cometidos?					
Empatía	¿La empresa da servicios adicionales a los clientes?					
	¿Se tienen horarios convenientes de trabajo para todos los clientes?					
	¿Los empleados ofrecen una atención personalizada a los clientes?					
	¿El comercio se preocupa de los intereses de los clientes?					

Modelo de encuesta de satisfacción de clientes

La gran ventaja de este instrumento es que los datos obtenidos pueden llegar a ser más representativos del total de la población (clientes), siendo su gran desventaja el elevado tiempo necesario para el tratamiento y evaluación de los datos obtenidos en las respuestas de las encuestas.

El comprador espía *(Mystery shopper)*

Este instrumento, denominado también cliente fantasma, cliente misterioso, etc. consiste en el uso de una persona que se hace pasar por cliente en todas y cada una de las etapas del proceso de compra. Su objetivo es evaluar el grado de cumplimiento y satisfacción que un cliente puede llegar a obtener de ese comercio durante el proceso de compra del producto y/o servicio.

Una desventaja a tener en cuenta de la utilización de este instrumento es la posible valoración subjetiva que pueda llegar a realizar este cliente misterioso, dando lugar a que emita juicios más o menos exigentes de lo que pueda llegar a emitir un cliente normal.

Los bajos costes necesarios para llevar a cabo esta técnica de obtención de la información es un aspecto a tener en cuenta para el pequeño comerciante y una de sus grandes ventajas.

El cliente misterioso o comprador espía es una herramienta muy valiosa con la que obtener información acerca de precios, servicios adicionales, trato al cliente, etc.

Informes del personal en contacto con los clientes

Los informes del personal que se encuentra en permanente contacto con el cliente son otras de las herramientas utilizadas para obtener el grado de satisfacción de los clientes. A través de las situaciones vividas por los comerciales durante todo el proceso de venta, el comerciante obtiene información valiosísima en relación a las preferencias, gustos, sugerencias, quejas o experiencias que viven los clientes con los productos y/o servicios que adquieren en el establecimiento.

La gran ventaja de la utilización de esta herramienta es su bajo coste, ya que son los propios trabajadores del establecimiento los que obtienen esta información de los propios clientes sin necesidad de contratar un servicio externo. No obstante, requiere que el comerciante establezca un protocolo de actuación a sus comerciales sobre la manera de recabar la información que necesitan y la forma de registrarla para su posterior análisis.

3. Implantación y gestión de sistemas de calidad en el pequeño comercio

El sector del comercio en España es uno de los más importantes de la economía nacional, ya que según datos obtenidos de la Contabilidad Nacional, en la actualidad el sector servicios representa un 76,9 % de la estructura del PIB (Producto Interior Bruto), es decir, de cada 100 euros que produce España algo más de 76 corresponden al sector servicios, sector en el que se encuentra el pequeño comercio.

El incremento del peso de este sector sobre el PIB se ha ido constatando desde 1970, año en el que representaba el 46,3 %. En relación al porcentaje de la población ocupada, actualmente representa al 75 % frente al 3,3 % de la agricultura y pesca (sector primario), 13,3 % en la industria y el 6,5 % en la construcción (sector secundario).

Estos datos muestran de una forma muy clara la gran importancia que para la riqueza de España posee el sector en el que se engloban los pequeños comercios y la mayor parte de la población trabajadora, siendo su principal forma jurídica de constitución la de persona física (autónomos).

Los Centros Comerciales Abiertos (CCA) de las ciudades aglutinan prácticamente el 100 % del pequeño comercio.

Ahora bien, los distintos cambios sociológicos, económicos y demográficos han provocado una influencia decisiva en los hábitos de consumo de los ciudadanos, dando lugar a la aparición de nuevas formas de comercialización que tienen la capacidad de anticiparse a las demandas de nuevas necesidades. Dichas necesidades deberán ser satisfechas desde el punto de vista de la calidad mediante la adopción de las medidas necesarias y la implantación y gestión de sistemas de calidad.

 Sabía que...

Los Centros Comerciales Abiertos (CCA) aglutinan en una única oferta comercial, turística, cultural y de ocio idéntica a todos los agentes comerciales que pertenecen a dicha área comercial con el objetivo de revitalizar el comercio tradicional. El primer centro comercial abierto de España fue el de Álora (Málaga).

3.1. UNE 175001

Está comprobado que la calidad es el factor clave para crear y elevar la imagen del pequeño comercio ante los consumidores, así como el aspecto diferenciador relevante respecto de sus competidores. Es mediante la adopción de una serie de normas como se obtiene una mejora del servicio prestado y la venta de productos que se pueden catalogar como de calidad, siendo entonces cuando los pequeños comercios se ven beneficiados con clientes satisfechos y fieles al establecimiento.

Con este y no con otro fin es por lo que se ha elaborado en España una norma de calidad destinada al pequeño comercio, permitiendo que con la mejora continua en sus organizaciones consiga el objetivo de obtener nuevos clientes y afianzar los existentes.

La **norma UNE 175001-1:2004,** elaborada por la Asociación Española de Normalización y Certificación (AENOR), buscaba diferenciar al pequeño comercio de las grandes superficies, destacando sus características principales: la cercanía al cliente, la cortesía en el trato, la profesionalidad de los empleados, etc., además de su contribución a la vida del barrio o la ciudad. Se desarrolló siguiendo la metodología SERVQUAL y tras ocho años, como consecuencia de los cambios sociales experimentados, aparición de nuevas tecnologías, conciliación de la vida familiar y laboral, se ha producido una actualización de esta norma, la norma vigente es la **UNE-EN 175001-1:2013.**

 Definición

Servqual
Es un método para la evaluación de los factores claves a la hora de medir la calidad de los servicios prestados. Se basa en la expectativa que todos los usuarios tienen sobre los servicios ofertados. En la diferencia entre la expectativa y la percepción que obtienen los usuarios, denominada brecha o gap, residen las oportunidades de mejora del servicio dado.

La Norma UNE 175001, que es elaborada para el sector del pequeño comercio, tiene mediante su implantación como fin primordial conseguir los siguientes objetivos:

- Elevar la calidad de servicio en la actividad de venta y la prestación de los servicios adicionales.
- Mejorar la percepción de la imagen comercial.
- Incrementar la profesionalidad del personal.
- Fomentar la mejora continua.
- Adaptar el pequeño comercio a las demandas actuales de los clientes.
- Busca además, reordenar la estructura de su antecesora, eliminando duplicidades, añadiendo nuevos apartados y mejorando la redacción de los artículos.

La Norma UNE 175001-1:2013 establece cuáles son los requisitos de calidad para la actividad de venta y servicios adicionales y complementarios en aquellos establecimientos comerciales que posean menos de 20 trabajadores asalariados, que permitan satisfacer las expectativas del cliente, independientemente de la naturales de productos comercializados.

Se aplica a las actividades recogidas en los epígrafes del Impuesto de Actividades Económicas y de la Clasificación Nacional de Actividades Económicas recogidos en el anexo A, sin embargo no es de aplicación a:

- Las actividades profesionales colegiadas, como por ejemplo las farmacias.
- Las actividades de carácter industrial, como por ejemplo la reparación de equipos, fabricación de productos en obradores (pan, pastelería), restaurantes, bares, taller de reparación de vehículos, electrodomésticos o la fabricación de lentes graduadas.
- Las actividades de venta de productos en los establecimientos en los que la venta coexista con la prestación de algún tipo de servicio, salvo que ambas actividades estén claramente diferenciadas y la actividad de venta sea la actividad mayoritaria.

Además, en aquellos sectores para los que exista una norma específica deberá de aplicarse la norma específica del sector.

 **Actividades**

---

3. Señalar, de las siguientes actividades de venta y servicios, cuáles de ellas se encuentran incluidas en la Norma UNE 175001-1:2013: venta de flores frescas, restaurantes, estaciones de servicio, venta de electrodomésticos, ópticas, cafeterías y bares y carnicerías.

Otro de los puntos a los que hace referencia la normativa es en el establecimiento de los requisitos necesarios para la consecución de los objetivos de esta. En concreto, esta norma los divide en cinco bloques:

- Requisitos del servicio:

    - Cortesía
    - Fiabilidad y credibilidad
    - Capacidad de respuesta
    - Compresión del cliente
    - Comunicación
    - Seguridad

- Requisitos de elementos tangibles:

    - Instalaciones
    - Equipos y mobiliario
    - Envases y embalajes
    - Documentos de compra
    - Productos

- Requisitos del personal:

    - Imagen
    - Competencia profesional (la cual se define como el conjunto de destrezas y conocimientos necesarios para el desarrollo adecuado de la actividad de venta).

■ Los requisitos mínimos para este parámetro son:

  ▪ La identificación de áreas de mejorar y la implementación y el seguimiento de las acciones de mejora. Para identificar las áreas de mejora se deben tener en cuenta los comentarios de satisfacción, las sugerencias, las quejas, las incidencias y reclamaciones (de los clientes y del personal), así como otras fuentes de información externa.
  ▪ La dirección, de forma anual deberá llevar a cabo acciones de mejora y realizar su seguimiento, dejando constancia del área de mejora identificada, la fecha de la puesta en marcha de la acción, los cambios realizados y los resultados obtenidos, como mínimo, informando al personal del establecimiento de los resultados obtenidos.

■ Servicios complementario: estos definen como "todos aquellos servicios tendentes a facilitar la actividad de compra por parte del cliente, sin que sean imprescindibles para perfeccionar la misma". Por ejemplo, aparcamiento gratuito, ludotecas, ampliación de garantía, etc. Los servicios complementarios, para ser adecuados deben de cumplir como mínimo:

  ▪ Que la dirección haya establecido las condiciones para su prestación, como los horarios, el precio, etc.
  ▪ Que la dirección evalúe el grado de satisfacción del cliente respecto de los mismos y tome decisiones respecto de los resultados.

Los beneficios de la implantación de la Norma UNE 175001-1:2013, así como su serie que afecta a sectores concretos del comercio, son claros:

■ Ahorro de costes.
■ Regula el servicio de la venta.
■ Aumenta la profesionalidad de sus empleados.
■ Obtiene clientes fieles.
■ El comerciante logra que los clientes satisfechos hablen bien del negocio. Tienen una buena imagen del comercio.
■ El comercio consigue una marca de calidad que lo distingue de su competencia.

3.2. Otros sistemas de gestión de calidad

El interés mostrado por el pequeño comercio en relación a la Norma UNE 175001 ha dado lugar a que sectores determinados del comercio de proximidad se interesaran por la existencia de una norma de calidad específica para su sector.

El resultado es la existencia de otra serie de normas con particularidades distintas a la Norma UNE 175001 que establecen sistemas de gestión de la calidad para determinados sectores del comercio tradicional. En concreto existen:

- UNE 175001-2:2016. Parte 2: requisitos para pescaderías.
- UNE 175001-3:2005. Parte 3: requisitos para ópticas.
- UNE 175001-4_2005. Parte 4: requisitos para carnicerías y charcuterías.
- UNE 175001-5:2016. Parte 5: requisitos para floristerías.
- UNE 175001-6:2015. Parte 6: requisitos de servicio para estaciones de servicio.

El resto de sectores que no posean una norma específica de la serie UNE 175001 deberán de aplicar la normativa general UNE 175001-1:2013 como norma fundamental de gestión de la calidad.

Requisitos para pescaderías. Norma UNE 175001-2

La delicadeza del producto de este tipo de comercios, así como las gravísimas consecuencias que puede conllevar una mala práctica higiénico-sanitaria, ha dado lugar al establecimiento de una serie de requisitos específicos para este sector a la hora de obtener la certificación de calidad. De esta norma quedan excluidas las pescaderías ubicadas en supermercados e hipermercados.

En relación al cumplimiento de los requisitos del servicio, las pescaderías, además de cumplir con la norma general, deberán:

- Establecer una política para la gestión de las compras donde se establezcan los requisitos de los proveedores, servicios a la clientela y trazabilidad de los productos.

- Contar con una base de datos actualizada de los proveedores con los que trabaja habitualmente incluyendo las bajas de los mismos y el hecho que ha motivado dicha baja.
- Reponer constantemente el género del expositor en la medida de lo posible, ya que de lo contrario, la existencia de huecos podría causar una mala imagen.

La trazabilidad es un aspecto fundamental, ya que se refiere a la posibilidad de seguir el rastro, a través de las todas las fases por las que pasa el producto: producción, transformación y distribución de un producto de la pesca destinado al consumo o la transformación posterior. Esto es especialmente útil cuando se identifica un lote de producto en mal estado. El nivel del mismo se considerará adecuado si como mínimo:

- El establecimiento comercial durante el tiempo que permanezca la exposición de los productos, traslade la correcta información del producto al consumidor. Esta información debe estar soportada por los correspondientes documentos (albaranes, facturas u otros) o en soporte informático que acredite la correcta identificación entre el producto, proveedor y la información recogida en la etiqueta.
- El personal del establecimiento responsable de realizar las compras de aprovisionamiento de productos de la pesca se asegure que el producto que adquiere siempre viene identificado, incluso en el caso de que el producto se adquiera en unidades de compra diferente al habitual (caja).
- El personal del establecimiento garantice que no se pierde la trazabilidad del producto en la manipulación interna que comporte cambios en su envase o embalaje origina, ni durante su transporte.

Definición

Trazabilidad
Proviene de la palabra inglesa *traceability* que significa rastro, huella o vestigio. Según la Norma UNE 175001-2:2016, trazabilidad se define como la posibilidad de seguir el rastro,

Continúa en página siguiente >>

<< Viene de página anterior

a través de las todas las fases por las que pasa el producto: producción, transformación y distribución de un producto de la pesca destinado al consumo o la transformación posterior.

A la hora de realizar el transporte de los productos, al ser catalogados estos como productos perecederos, el comerciante deberá asegurarse de que todos aquellos vehículos utilizados (propios o subcontratados) en el transporte de dichos productos no rompen en ningún momento la cadena de frío, asegurándose de que cumplen con las adecuadas garantías de conservación, con la legislación vigente y disponen de la necesaria autorización para el transporte de productos perecederos.

El comerciante debe asegurarse de que cumple con los requisitos de comunicación en cuanto a la prohibición de animales domésticos en el local, control de la temperatura, medios de etiquetado de los productos, así como ser especialmente cuidadoso en cuanto a la seguridad en relación a la calidad higiénica dado las graves consecuencias que representa la intoxicación alimentaria de un cliente. Para ello, las pescaderías deben de implantar un sistema APPCC (Análisis de Peligros y Puntos de Control Críticos) y comprometerse a cumplir las prácticas correctas de higiene para el sector homologadas por el Ministerio de Sanidad y Consumo y la Agencia de Seguridad Alimentaria.

 Nota

APPCC o Análisis de Peligros y Puntos de Control Críticos tiene como objetivo garantizar la seguridad en los alimentos mediante la identificación sistemática de estos para determinar posibles riesgos físicos, químicos o biológicos. No es hasta 1997 cuando la Unión Europea lo incorpora a sus leyes.

La norma también hace mención al conjunto de los elementos tangibles tales como las instalaciones, equipo y mobiliario, los cuales deben estar siempre limpios, ordenados, los espacios correctamente iluminados (en especial la sala de ventas), bien conservados y mantenidos. Se especifica que son necesarias instalaciones como:

- Cámaras de conservación, congelación o arcones.
- Armarios/almacenes diferenciados para los productos de limpieza y para los envases y embalajes.
- Aseos y vestuarios.
- Sistemas de desagüe en la sala de ventas.
- Red de abastecimiento de agua fría y caliente.

Los productos de este tipo de establecimientos, debido a sus características intrínsecas, adquieren una relevancia importante dentro de la norma, ya que su condición estética, sensorial y organoléptica (color, olor y sabor) que se manifiestan a través de lo que el cliente conoce como "estado de frescura", es lo que muestra al cliente la sensación de calidad del producto.

 Actividades

4. Indicar cuáles son las características estéticas, sensoriales y organolépticas ideales que hacen que los siguientes productos sean catalogados de calidad: lenguado, atún, pulpo y mejillón. Comparar entre ellos.

La imagen del personal también es crucial a la hora de transmitir limpieza e higiene. El uniforme adecuado (pantalón, chaquetilla, delantal, gorro y calzado) siempre deberá estar en perfectas condiciones. Además, la formación del comerciante y/o dependientes es muy importante debido a que muchos clientes piden consejo sobre el modo correcto de preparación de determinados productos o su forma de cocinarlos.

 Aplicación práctica

Pablo, emprendedor por naturaleza y anteriormente propietario de una empresa de pintura, ha decidido invertir sus ahorros y parte de los elementos de su anterior empresa (una furgoneta) montando una pescadería en el barrio en el que vive. No tiene experiencia previa en el sector pero tiene muy buenas ideas y muchas ganas de trabajar. Tras obtener los permisos necesarios de su Ayuntamiento, ha alquilado un pequeño local de dos habitaciones y lo ha acondicionado con ayuda de un familiar que le ha hecho las reformas necesarias. En la habitación más grande, y que da al exterior, ha puesto el mostrador del género y un arcón congelador y la ha pintado y decorado con motivos marineros, pero al no entender de electricidad, ha dejado la misma potencia de iluminación que ya tenía el local. En la habitación más pequeña y que está situada en el interior del local ha puesto otro arcón congelador. Además, Pablo tiene la intención de usarlo de almacén de productos de limpieza, envases y embalajes, vestuario y aseo. El local no tiene desagües (a excepción del aseo de la habitación interior), ya que anteriormente fue utilizado como sede de la asociación de vecinos del barrio, y para ahorrar costes y abrir la pescadería cuanto antes, ha decidido no ponerlos. Pablo realiza semanalmente la compra de género en el mercado central de su ciudad, realizando el transporte con la furgoneta que tiene y que utilizaba en su anterior negocio de pintura. El género, al comprarlo semanalmente, le obliga a adquirir mucha cantidad, la cual, al no ser vendida a diario, se tiene que guardar en los arcones congeladores que posee. El jueves es el día de la semana que sabe que tiene más clientela, por lo que ese día llama a su hermano que le ayuda en la venta, al igual que hacía cuando tenía trabajo en su anterior negocio de pintura. Para la venta, Pablo utiliza un uniforme compuesto de chaquetilla, pantalón, delantal y calzado adecuado, pero su hermano, al estar trabajando de manera muy esporádica, no utiliza uniforme.

Pasados unos meses se da cuenta de que ya no acude toda la clientela que esperaba y además, debido a la queja de un cliente, la Concejalía de Sanidad y Consumo de su Ayuntamiento le ha comunicado que le van a proceder a cerrar el local si no cumple con los requisitos mínimos que establece la normativa de calidad 175001-2. ¿Cuáles han sido los errores cometidos por Pablo en su pescadería y que hacen que no cumpla con los requisitos de la norma de calidad específica para este sector? Responda razonadamente.

SOLUCIÓN

En relación a los elementos tangibles, Pablo pudo cometer el error de no elegir el local adecuado, ya que al disponer de solo dos habitaciones no tiene el espacio suficiente para ubicar los elementos en los lugares que requiere la norma. De hecho, ha cometido el error de

Continúa en página siguiente >>

<< Viene de página anterior

ubicar en un solo espacio un aseo, un arcón congelador, almacén de envases, productos de limpieza y vestuario. Además, en la habitación destinada a la sala de ventas no dispone de la suficiente iluminación, desagüe ni escaparate.

Otro de los errores cometidos es realizar el transporte del género en un vehículo que no está acondicionado para ello, ya que está realizando esta tarea en una antigua furgoneta que utilizaba para llevar las herramientas y productos de pintura de su anterior negocio.

En cuanto a la calidad de los productos que vende no se puede afirmar que no tengan la calidad requerida, ya que los adquiere en el mercado central de su ciudad, el problema radica en que al no tener un plan de compras adecuado a su demanda (compra en un solo día todo el género necesario para la venta de la semana, sea producto fresco o congelado), el producto fresco pasa una y otra vez por los arcones congeladores, perdiendo las características y propiedades estéticas, sensoriales y organolépticas de un producto fresco de calidad, y pudiendo provocar en casos extremos intoxicación a la clientela. Además, Pablo tampoco implantó un sistema APPCC (Análisis de Peligros y Puntos de Control Críticos).

Otro de los errores cometidos por Pablo es su falta de experiencia y conocimiento del sector, que en ningún momento pueden ser suplidas por su buena fe y ganas de trabajar. La formación es esencial y dado que no la tiene es fácil de adivinar los fallos que cometería a la hora de preparar y servir los productos a sus clientes. Además, cuando sabe que tiene más demanda, al llamar a su hermano, que tampoco posee experiencia ni formación, lo que consigue es acrecentar el problema de la incorrecta atención al cliente.

Por último, Pablo lleva el uniforme correcto para la venta, pero su hermano no utiliza la misma indumentaria, por lo que incumple en este punto con la norma de calidad además de la falta de higiene que ello conlleva.

Requisitos para ópticas. Norma UNE 175001-3

Las ópticas son otro de los sectores que dadas sus características específicas y sanitarias ha dado lugar al establecimiento de una norma para la implantación de un sistema de gestión de la calidad del producto y/o servicio prestado al cliente.

Dado que los clientes de estos establecimientos son fieles durante años al mismo comercio, la norma estima conveniente que los servicios adicionales que se ofrezcan se realicen de manera anticipada a la petición del cliente dadas sus expectativas y necesidades. Algunos de estos servicios adicionales son:

- Arreglo y adaptación de los productos.
- Retirada de productos obsoletos.
- Gestión de garantías y transporte en productos extremadamente delicados.

El comerciante, dadas las características sanitarias del establecimiento, se encuentra obligado al cumplimiento de la Ley Orgánica 3/2018, de 5 de diciembre, de Protección de Datos Personales y garantía de los derechos digitales, debiendo realizar una ficha para cada cliente en los casos de optometría, contactología y audiología, teniendo la obligación de comunicar al cliente. La finalidad de dicha ficha y del uso, comercial o no, que se le van a dar a sus datos, y en su caso se pedirá autorización al cliente.

En relación a los requisitos de los elementos tangibles, el comerciante deberá de entregar nota o recibo al cliente en los casos de:

- Limpieza de lentes de contacto
- Vale de devolución
- Entrega de dinero a cuenta
- Envío del producto a domicilio
- Cualquier otro servicio adicional

Los requisitos del personal para este tipo de comercios son muy exigentes, requiriendo al menos un óptico diplomado en el establecimiento, así como, por parte de todo el personal, la experiencia y formación necesaria para una correcta atención al cliente presentando para ello una imagen impecable.

Requisitos para carnicerías y charcuterías. Norma UNE 175001-4

Al igual que los establecimientos comerciales dedicados a la venta de pescado y derivados (pescaderías), las características estrictas en las condiciones higiénico-sanitarias y el hecho de que los productos de estos tipos de establecimientos (carnicerías y charcuterías) sean considerados como altamente perecederos, ha dado lugar al desarrollo de una norma específica que gestione y recoja los compromisos de calidad.

La Norma **UNE 175001-4** contempla como requisitos del servicio prestado que la dirección del comercio establezca una política de compras, garantizando la calidad y trazabilidad de todos sus productos mediante el correcto etiquetado, reponiendo el personal de forma continua los productos del expositor.

El **transporte** realizado, bien por medios propios o subcontratados de los productos de este tipo de comercios, se realizará en vehículos aptos para tal fin que garanticen unas condiciones adecuadas de conservación, cumpliendo el propietario o proveedor del transporte estrictamente con la legislación vigente al respecto.

El comerciante se asegurará que se informa de forma correcta a los clientes sobre prohibiciones de acceso de animales al establecimiento, así como de cumplir con lo establecido legalmente en cuanto al **etiquetado,** siendo este totalmente visible y sin llegar a alterar los productos. La **seguridad y calidad higiénica** de los productos deberá ser considerada prioridad máxima para el comerciante dado las características intrínsecas de los mismos, debiendo este tipo de establecimientos implantar un sistema APPCC (Análisis de Peligros y Punto de Control Críticos) sin olvidar que la manipulación de los productos habrá de realizarse con una especial atención, guardando las correspondiente condiciones higiénicas y en la temperatura adecuada para no romper la cadena de frío.

En relación a los **elementos tangibles** como las instalaciones, mobiliario y equipos, los requisitos son iguales a los del sector de las pescaderías a excepción de determinados equipos específicos del sector cárnico como son las cortadoras de fiambre, envasadoras, amasadoras o picadoras, los cuales deberán cumplir con la legislación vigente en dicha materia. Una mención especial requieren los envases y embalajes, ya que aspectos como la atmósfera de vacío que existe en algunos de ellos provoca una coloración de la carne fresca más oscura y desagradable, por lo que se deberán abrir dichos envases una hora antes de su comercialización.

En cuanto a las **características organolépticas** del producto, la carne fresca, como producto más perecedero, deberá mostrar:

- Un color que oscila desde el blanco rosado al rojo oscuro, dependiendo de la especie, edad, sexo, etc.
- Un olor fresco y en ningún caso desagradable.
- Una jugosidad suntuosa con presencia de agua y grasa.

Para la exposición de los productos frescos se prohíbe el empleo de cualquier tipo de vegetal.

Dado que las condiciones higiénico-sanitarias son primordiales para este sector, el personal deberá usar el uniforme establecido y completamente limpio, siendo el mismo para todos los empleados, recibiendo estos la formación profesional adecuada para su puesto y cumpliendo con la normativa sobre manipulación de alimentos.

 Actividades

5. Indicar cuál es la norma de calidad que afecta al resto de establecimientos que no están regulados por la Norma UNE 175001-1:2013.

Requisitos para floristerías. Norma UNE 175001-5

La implantación de una norma que recogiera todos los requisitos específicos para el establecimiento de un sistema de gestión de la calidad en el sector de las floristerías ha sido motivada por las características propias de este sector. Estas son:

- Trabajo artístico.
- Necesidad de formación específica.
- Delicadeza del producto.
- Entrega a domicilio.
- Uso de las nuevas tecnologías de la información y comunicación para la venta.

La normativa también requiere en este sector contar con un servicio de transmisión floral a distancia, el comerciante y/o dependientes deben saber anticiparse a las necesidades de sus clientes, además de ofrecer servicios adicionales relacionados con los productos demandados.

Envío de flores a distancia. Servicio requerido por la normativa.

La discreción del personal es primordial en caso de entrega a domicilio de los productos, documentos, tarjetas o mensajes a sus clientes, asegurando la dirección en todo momento antes de la entrega del producto al cliente, de la frescura y sanidad del género.

Este tipo de establecimientos deberá contar como mínimo con los siguientes elementos tangibles:

- Cámara de conservación.
- Red de abastecimiento de agua.
- Pila o medio similar que permita realizar el riego, la renovación de agua y la limpieza de recipientes.

Para el transporte de los productos se deberá contar con los vehículos apropiados para el correcto traslado de productos delicados, garantizando la frescura, sujeción y transporte de agua en caso de flores cortadas.

Como mínimo, una tercera parte del personal deberá tener la formación adecuada y debidamente acreditada en el arte floral y de los productos que se comercializan.

Requisitos para las estaciones de servicio. Norma UNE 175001-6

Ha sido necesario establecer una regulación específica para este sector, como consecuencia de pertenecer a un sector estratégico con fines de servicio público.

Es aplicable para la venta de carburantes, combustibles y otras formas de energía así como otro tipo de productos en las estaciones de servicio consideradas como pequeño comercio y que como mínimo se encuentren en modalidad de atendidas en 2/3 de su horario oficial.

Las instalaciones se considerarán adecuadas si como mínimo:

- Están limpias, ordenadas y bien conservadas, y si las actividades para conseguirlo se realizan buscando el menor impacto en la atención al cliente.
- Los accesos y disposición faciliten la movilidad del cliente.
- Aparcamientos de movilidad reducida señalizados.
- Temperatura entre 17 y 28 ºC.
- Buena iluminación.
- Si hay aseos tengan, jabón, secamanos, papel, agua corriente y registro periódico de limpieza.

4. Entidades de certificación de sistemas de calidad específicas del pequeño comercio

Para poder determinar cuáles son las entidades certificadoras de sistemas de calidad específicas del pequeño comercio se debe tener en cuenta, en primer lugar, a la **Entidad Nacional de Acreditación (ENAC).**

La Entidad Nacional de Acreditación (ENAC) es una asociación sin ánimo de lucro y declarada mediante Real Decreto 1715/2010 como el único organismo que tiene potestad pública en el Estado español para poder otorgar acreditaciones según lo establecido en el Reglamento Europeo (CE) nº 765/2008.

Este es un aspecto importante a tener en cuenta porque cualquier empresa certificadora, acreditada o no por ENAC, puede certificar al pequeño comercio la implantación del sistema de calidad según la Norma UNE 175001.

 **Definición**

Certificación
Es la actividad comercial realizada por cualquier empresa y dirigida a todo tipo de empresas que tiene por objetivo declarar públicamente que su producto, proceso o servicio sea conforme a los requisitos establecidos en las normas.

Acreditación
Es la actividad realizada en España únicamente por la Entidad Nacional de Acreditación (ENAC) y que tiene por objetivo determinar la competencia técnica necesaria de las empresas certificadoras para realizar el proceso de evaluación del cumplimiento de los requisitos de las normas por parte de una tercera empresa.

ENAC, como único organismo con potestad pública en el Estado español para acreditar, tiene como misión generar la confianza necesaria en el mercado y en la sociedad en cuanto a la acreditación de los evaluadores, contribuyendo a la seguridad y bienestar de las personas, calidad de los productos y servicios y protección del medioambiente. Es por ello que contar con la certificación de calidad de una empresa acreditada por ENAC garantiza la imparcialidad y transparencia del proceso de certificación, así como la competencia técnica de la entidad para el desarrollo de la certificación, no obstante, es el comerciante el que tiene la última palabra a la hora de elegir la empresa certificadora que le va a evaluar.

La ENAC posee un listado de empresas acreditadas para la certificación de los sistemas de calidad en el sector comercio, esta lista se actualiza de forma regular, y puede consultarse en la página web de ENAC: (https://www.enac.es/).

En esta lista se encuentra la Asociación Española de Normalización y Certificación (AENOR), entre otras.

Son muchas más las empresas y organismos públicos o privados que pueden certificar la implantación de un sistema de gestión de calidad en el pequeño comercio (sobre todo cámaras oficiales de comercio e industria de multitud de localidades españolas), pero solo los que aparecen en los listados de ENAC se encuentran acreditados para ello, garantizando al empresario su total imparcialidad y profesionalidad en el trabajo de certificación.

 Actividades

6. Exponer qué empresa certificadora elegiría para firmar el contrato de prestación del servicio de certificación, si al pedir presupuesto algunas de las empresas a las que se lo solicitó no se encuentran certificadas por ENAC.

5. Códigos de buenas prácticas comerciales

La única forma de cumplir con los requisitos que establece la Norma UNE 175001-1 para así obtener los beneficios que conlleva su implantación en el pequeño comercio es mediante el uso por parte de la dirección y el personal del comercio de un código de buenas prácticas comerciales.

Dicho código se compone de todos y cada uno de los requisitos del servicio que establece la norma:

- Cortesía
- Fiabilidad y credibilidad
- Capacidad de respuesta
- Compresión del cliente
- Comunicación
- Seguridad

5.1. Cortesía

La Norma UNE 175001-1 define cortesía como: "la amabilidad, cordialidad, atención y respeto mostrado por el personal del establecimiento comercial a los clientes".

La amabilidad, cordialidad y respeto hacia el cliente son aspectos básicos para una correcta atención del cliente.

El nivel de cortesía hacia los clientes será considerado adecuado cuando:

- Se definan, por parte de la dirección, una serie de pautas de comportamiento para dirigirse al cliente en todo momento, lugar y situación.
- El personal del establecimiento ofrezca un trato cortés al cliente independientemente de su edad, apariencia, importe de la compra, etc.
- El personal del establecimiento no agobie al cliente durante su compra, le cause molestias o insatisfacción.
- El tono de voz empleado sea tranquilo, afable y moderado.
- El personal evite un exceso de confianza mostrando respeto en la intimidad del cliente.
- El personal no realice comentario alguno de tipo personal, político, religioso o de cualquier otra clase que pueda incomodar al cliente.
- Ante clientes problemáticos, el personal actúe con la cortesía necesaria, tratando de calmar la situación y al cliente.

- El personal del establecimiento compruebe la autenticidad del dinero entregado por el cliente con la debida discreción.
- Ante las posibles quejas, reclamaciones o devoluciones, el personal muestre respeto en todo momento.

A continuación se muestran una serie de frases comunes a utilizar con los clientes de manera presencial y a través del teléfono.

FRASES A UTILIZAR CON LOS CLIENTES DE FORMA PRESENCIAL

A su llegada	Hola buenos días/tardes. ¿Puedo ayudarle en algo?	Hola buenos días/tardes. ¿En qué podemos atenderle?	Hola buenos días/tardes. ¿Qué desea?	Hola buenos días/tardes. Pase y vea, enseguida estoy con usted.	Hola buenos días/tardes. ¿Qué necesita?
Al cierre de la compra y toma de notas de servicios adicionales	En cuanto me de sus datos, el próximo martes lo tiene en su domicilio.		¿Se lo lleva usted o prefiere que se lo enviemos a su domicilio?		¿Se lo envuelvo para regalo?
Elección de la forma de pago	¿Lo va a financiar? ¿En cuántos plazos?		Si es tan amable, ¿me muestra su DNI para comprobar la titularidad de su tarjeta?		¿En efectivo o con tarjeta?
A la despedida del cliente	Muchas gracias. Adiós y buenos días/tardes.		Aquí tiene, que lo/los disfrute y esperamos verle de nuevo por aquí.		Gracias por su compra. Vuelva pronto.

FRASES A UTILIZAR AL TELÉFONO

Para contestar	(Nombre del comercio) Buenos días/tardes. ¿Puedo ayudarle en algo?		Hola buenos días/tardes. Le atiende *(nombre del dependiente)*. ¿En qué puedo ayudarle?
Para pasar una llamada	¿De parte de quién?	Aguarde un momento, le paso.	(Nombre de la persona) no se encuentra en estos momentos. ¿Quiere dejarle algún mensaje? O si lo prefiere, puede llamar en otro momento.
Para realizar llamadas	Hola buenos días/tardes. ¿Con quién tengo el gusto de hablar?		Hola buenos días/tardes. ¿Con quién tengo el gusto de hablar? ¿Podría pasarme con *(nombre de la persona o extensión del departamento)*?
Para despedir llamadas	Gracias por su llamada, buenos días/tardes.	Adiós y buenos días/tardes.	Le ha atendido *(nombre del dependiente)*, buenos días/tardes.

5.2. Fiabilidad y credibilidad

Otro de los requisitos del servicio incluido en el código de buenas prácticas comerciales es la **credibilidad,** siendo definida por la Norma UNE 175001-1 como: "el efecto obtenido mediante la honradez, veracidad y sinceridad mostrada por el personal del establecimiento comercial a los clientes". La fiabilidad se define como "capacidad para realizar la actividad de venta y prestar los servicios adicionales sin errores, haciendo las cosas bien a la primera".

Para conseguir un nivel de fiabilidad y credibilidad adecuado, la dirección debe establecer las pautas de comportamiento y proporcionar los recursos necesarios para evitar errores y debe establecer las medidas necesarias para no inducir a engaño respecto a los productos y servicios adicionales, ni respecto al propio establecimiento comercial.

El nivel será adecuado cuando como mínimo:

- Publicidad, campañas promocionales, el etiquetado y la presentación de los productos no induzcan a error.
- Toda la información dada a los clientes sea veraz.
- El personal compruebe el funcionamiento de los productos o exista la posibilidad de que el cliente los examine, dentro de los límites establecidos por la dirección o por la naturaleza del producto.
- Se cumplan los compromisos con el cliente, tanto los acordados por la dirección como por el personal.
- Las quejas y reclamaciones sean tratadas y se comunique una respuesta razonada y conforme con la legislación vigente.
- El precio marcado para cada producto sea el mismo indistintamente del soporte en el que aparezca y se corresponda con el establecido por la dirección.
- Los productos estén dispuestos en la sala de ventas en correspondencia con los carteles identificativos, en su caso.
- Durante la facturación y el cobro, el personal cuide de no cometer errores y revise que el cambio entregado al cliente sea correcto.

Dada la importancia que tiene en el pequeño comercio el tratamiento de las quejas, reclamaciones y devoluciones por el elevado coste que supone para el comerciante, el siguiente cuadro muestra la forma correcta de actuar ante estas situaciones planteadas por los clientes.

QUEJAS
Definición: Expresión de la insatisfacción manifiesta del cliente.
FORMA DE ACTUAR EN PRESENCIA DEL CLIENTE
Escuchar y empatizar con el cliente.
Comprender el motivo de la queja respetando la opinión del cliente.
Comprometerse a solucionar el problema.
Agradecer al cliente que haya presentado su queja.
Realizar un análisis de la queja y su importancia.
Dar respuesta al cliente y/o llegar a un acuerdo amistoso.
Si el cliente decide cumplimentar una hoja de reclamaciones, suministrársela e intentar calmar el ambiente y al cliente, siendo en todo momento correcto y educado.
Si el cliente no tiene razón, dar una solución airosa a su problema minimizando o quitando importancia al problema.
FORMA DE ACTUAR UNA VEZ EL CLIENTE SE HA MARCHADO DEL ESTABLECIMIENTO
Tomar nota de lo sucedido o si lo tuviese el establecimiento, recabar la información del cliente a través del medio puesto a su disposición para las sugerencias y quejas (buzón de sugerencias/quejas).

RECLAMACIONES
Definición: Expresión de la insatisfacción realizada al establecimiento relativa a sus productos y/o servicios y de la que se espera una respuesta o resolución.
FORMA DE ACTUAR EN PRESENCIA DEL CLIENTE
Escuchar y empatizar con el cliente
Comprender el motivo de reclamación respetando la opinión del cliente.
Revisar el producto o el servicio prestado.
Si el cliente tiene razón, intentar solucionar el problema ofreciendo una sustitución o devolución del producto y/o servicio.
Si el cliente finalmente decide cumplimentar una hoja de reclamaciones, suministrársela e intentar calmar el ambiente y al cliente, siendo en todo momento correcto y educado.
Si el cliente no tiene razón, dar una solución airosa a su problema minimizando o quitando importancia al problema.
FORMA DE ACTUAR UNA VEZ EL CLIENTE SE HA MARCHADO DEL ESTABLECIMIENTO
Anotar lo sucedido en un documento interno y cursar la reclamación al organismo competente en el caso de que el cliente haya cumplimentado el documento oficial de reclamaciones.

DEVOLUCIONES

Definición: Expresión manifestada por el cliente en la que solicita al establecimiento un cambio del producto y/o servicio. (La devolución no tiene por qué implicar insatisfacción del cliente).

FORMA DE ACTUAR EN PRESENCIA DEL CLIENTE

Escuchar y empatizar con el cliente.

Preguntar y comprender el motivo de la devolución, respetando la opinión del cliente.

Revisar el producto o el servicio prestado.

Realizar el cambio y/o devolución si se encuentra dentro de los compromisos que el establecimiento adquiere con sus clientes.

Si el cambio y/o devolución o exigencia del cliente no se encuentra dentro de los compromisos adquiridos por el establecimiento, intentar dar una solución consensuada entre el cliente y el establecimiento.

FORMA DE ACTUAR UNA VEZ EL CLIENTE SE HA MARCHADO DEL ESTABLECIMIENTO

Anotar lo sucedido en un documento interno junto con el motivo que propició la devolución o cambio del producto y/o servicio.

Ante este tipo de situaciones, que pueden propiciar momentos de tensión y nerviosismo por parte del comerciante y/o dependiente, así como del cliente, es muy importante mantener la calma y no olvidar en ningún momento la importancia de la comunicación verbal y no verbal como herramienta principal para solucionar conflictos o situaciones no deseadas. Un mal gesto o mala actitud hacia el cliente puede acarrear consecuencias muy negativas para el establecimiento comercial.

Actividades

7. Responder a las preguntas del siguiente supuesto: Marcos decide comprar en una pequeña tienda de electrodomésticos un altavoz *bluetooth energy sistem* para escuchar su música favorita. El comerciante del establecimiento le muestra varios modelos; elegido uno, el comerciante saca del almacén una pequeña caja, se la envuelve y le cobra por el aparato. Cuando Marcos llega a su casa y desenvuelve el artículo se da cuenta que no es el modelo de altavoz elegido por él. ¿Ha actuado correctamente el comerciante durante el proceso de venta? ¿En qué ha fallado? ¿Cuál debería de haber sido la actuación correcta del comerciante?

5.3. Capacidad de respuesta

La satisfacción de las necesidades de los clientes es el principal objetivo de todo pequeño comercio, para ello es necesario que el establecimiento en situaciones normales, así como en las excepcionales, tenga la capacidad de respuesta necesaria para que el cliente, una vez haya abandonado el comercio, tenga la sensación de que todas sus expectativas se han cumplido con creces. La Norma UNE 175001-1 es muy clara al respecto y define la **capacidad de respuesta** como: "la agilidad, rapidez y eficacia en satisfacer las demandas de los clientes".

Por tanto, la capacidad de respuesta de la dirección y del personal del establecimiento se considerará adecuada cuando:

- De manera periódica la dirección realice una previsión de las necesidades de compra de sus productos y servicios adicionales de una manera adecuada y en consonancia con las características propias del establecimiento y la demanda de los clientes. Para elaborar esta previsión se deberá tener en cuenta:

  - El tiempo de reaprovisionamiento de los productos, las festividades y similares.
  - La capacidad física del almacén.
  - El tipo y variedad de productos demandados.
  - Previsión de ventas y servicios adicionales para el periodo a analizar.
  - Los compromisos del servicio posventa.

- La dirección identifique las épocas y horarios de mayor afluencia de clientes realizando con la suficiente antelación la previsión del personal, siendo posible una contratación adicional sin olvidar que el personal en todo momento será el necesario para atender a los clientes del establecimiento en épocas u horarios de menor o mayor afluencia.
- Ante situaciones de petición de productos no existentes en *stock* o en el establecimiento, los dependientes hagan las gestiones necesarias para satisfacer dicha demanda, estableciendo la manera de notificar a los clientes el estado de sus gestiones.

- La dirección realice todas las gestiones posibles para cumplir con los plazos de entrega de los productos a sus clientes.
- En el caso de que la información de los productos sea excesivamente técnica, el dependiente realice las gestiones necesarias para que dicha información llegue al cliente en el menor plazo de tiempo posible o sea entendida por el cliente, adaptando el dependiente el vocabulario a utilizar.
- El personal ofrezca una solución adecuada al cliente en relación a las quejas, reclamaciones, solicitud de reparación o sustitución, rebaja en el precio, etc. que realice el cliente dentro de los términos que establece la normativa vigente en esta materia.

5.4. Comprensión del cliente

Todo comerciante sabe que satisfacer las necesidades de sus clientes conlleva realizar una venta personalizada, y para ello, la comprensión del cliente es primordial. La Norma UNE 175001-1 define la **comprensión del cliente** como: "la capacidad para identificar las características, expectativas y necesidades de los clientes". En cierto modo, el comerciante debe anticiparse al cliente identificando sus necesidades y expectativas antes de que el cliente se las manifieste.

Para que el nivel de comprensión del cliente sea el adecuado:

- El personal del establecimiento deberá prestar la debida atención a todo lo que el cliente le exprese, identificando cuáles son las necesidades para tratar de ofrecerle el mejor producto o servicio que se adapte a dichas necesidades.
- El personal del establecimiento deberá de esforzarse en anticiparse a las necesidades del cliente y ofrecerle servicios adicionales relacionados con el producto adquirido:

  - Envoltorio para regalo.
  - El arreglo y adaptación de los productos.
  - Servicio a domicilio.
  - Instalación y puesta en marcha del producto.

- Retirada de materiales de envoltorio sobrantes o productos obsoletos.
- Gestión de las garantías.

- El establecimiento deberá disponer de diferentes formas de pago aceptadas, como por ejemplo, tarjetas de pago, domiciliación de recibos, trasferencias, etc.
- Los horarios de apertura del establecimiento estarán adaptados a las necesidades de los clientes.
- El personal del establecimiento explicará y comprobará que el cliente ha entendido la oferta de los productos y servicios adicionales al precio.
- El personal evite conversaciones privadas y formar grupos a la vista del cliente.
- El personal esté atento y ofrezca su ayuda a los clientes para facilitarle el acceso y movilidad en el interior del establecimiento, cuando la situación lo requiera.

Actividades

8. Contestar a las preguntas del siguiente supuesto: quedan dos meses para que llegue la Navidad y el gerente de una juguetería realiza los pedidos a sus proveedores para la fuerte demanda que se avecina. Utiliza su criterio y compra a los proveedores la misma cantidad y tipo de juguetes que las Navidades del año anterior, sin percatarse de que este año se ha puesto de moda entre los niños una nueva serie de dibujos animados de acción y que los fabricantes han sacado al mercado todo tipo de artículos relacionados con dicha serie. Cuando se da cuenta de su gestión, a falta de pocas semanas para la festividad de los Reyes Magos, llama a sus proveedores para encargar los nuevos juguetes pero se encuentran agotados. ¿Cuáles han sido los fallos cometidos por el juguetero? ¿Cuáles son los requisitos del servicio al cliente en los que ha errado? ¿Cómo debería de haber actuado el juguetero?

5.5. Fiabilidad

En la Norma UNE 175001-1:2004 se definía la fiabilidad y se establecían los criterios por los que se consideraría un nivel adecuado de fiabilidad. Con la norma vigente, se establece una nueva regulación y el requisito de fiabilidad y de credibilidad pasan a regularse conjuntamente. En este apartado se muestra la antigua redacción de este requisito.

La Norma UNE 175001-1 define la **fiabilidad** como: "la capacidad para ejecutar el servicio prometido sin errores, haciendo las cosas bien a la primera".

La fiabilidad es un aspecto muy importante y el comerciante debe prestar especial atención, ya que la falta de fiabilidad da una imagen del establecimiento de poca profesionalidad. Por ello se considerará que la fiabilidad es la adecuada cuando:

- Se haya comprobado, por parte de la dirección, que la publicidad y las campañas promocionales no contengan errores sobre los productos o servicios anunciados en ellos ni sobre el propio establecimiento.
- Los productos estén dispuestos en la sala de ventas o exposición en correspondencia con los carteles informativos.

Se ha de cuidar en todo momento la toma correcta de los datos para el envío a domicilio.

- Se toman de forma adecuada todos los datos necesarios del cliente para el correcto desarrollo del servicio a domicilio.
- Durante el transporte del producto el personal tome las medidas necesarias para que no llegue deteriorado a su destino.
- El personal del establecimiento tenga que desplazarse al domicilio del cliente y tome las medidas necesarias para no dañar sus bienes o propiedades.

■ Todos los precios marcados en las etiquetas identificativas de los productos o estanterías donde se encuentren, se correspondan con los precios emitidos por los terminales o marcados por el personal en los equipos establecidos para tal efecto.

■ El personal cuide en todo momento el proceso de facturación, cobro y no cometa errores, revisando para ello el cambio entregado al cliente.

■ La dirección dé instrucciones para evaluar los servicios adicionales ofrecidos al cliente de manera periódica.

■ Al realizar una llamada telefónica al cliente se controle el nivel de ruido alrededor del teléfono, asegurando la calidad en la percepción del mensaje.

5.6. Comunicación

La **comunicación** es definida por la Norma UNE 175001-1 como: "la transmisión de información sobre cualquier aspecto relacionado con la actividad de venta, los servicios adicionales y complementarios al cliente, así como la recepción de cualquier mensaje proporcionado por el cliente". Para la normativa el nivel de comunicación será considerado el adecuado cuando:

■ La dirección del establecimiento comercial cumpla con el anuncio visible de:

   ▪ El horario comercial.
   ▪ Los días festivos en los que el comercio permanecerá abierto.
   ▪ Periodo de rebajas, saldos, liquidaciones, promociones, etc.
   ▪ Los compromisos generales que el establecimiento adquiere con sus clientes.
   ▪ Los precios de sus productos.
   ▪ Los precios de los servicios adicionales de sus productos, plazos y funcionamiento de los mismos.
   ▪ Las distintas formas de pago y sus respectivas condiciones.
   ▪ La existencia de hojas de quejas y reclamaciones.
   ▪ La política de acceso de animales al establecimiento comercial.
   ▪ Cualquier cambio en la actividad comercial que la dirección estime oportuna.

- En el caso de producirse una reclamación, queja o devolución del producto el personal del establecimiento dé las aclaraciones necesarias y tome nota para evitar o resolver situaciones similares en el futuro.
- La información sobre los productos o servicios esté en consonancia con las necesidades del cliente, evitando el exceso de información.
- El cliente no encuentre problema alguno al acceso de cualquier información sobre el producto o servicio.
- El personal del establecimiento utilice el lenguaje adecuado para que el cliente pueda comprender las características más técnicas.

5.7. Seguridad

En ciertos establecimientos, dadas sus características arquitectónicas o la de sus productos, será necesario que se establezcan las medidas necesarias para que tanto clientes como productos no sufran daño físico o estructural ni tampoco posibles pérdidas, robos y hurtos.

La Norma UNE 175001-1 define la **seguridad** como: "la inexistencia de peligros o riesgos que atenten contra la integridad física del cliente, sus bienes o la correcta utilización de sus datos personales".

La seguridad en el establecimiento se considerará adecuada cuando:

- Los requisitos legales aplicables en materia de prevención de riesgos y accidentes durante la actividad comercial y la protección de datos de carácter personal de sus clientes son cumplidos tanto por la dirección como por el personal del establecimiento.
- Se disponga de un sistema de custodia o consigna de los bienes del cliente cuando no se permitan la entrada de estos.
- Todos los elementos arquitectónicos del establecimiento como escaleras, techos bajos, rampas, etc. se encuentren debidamente señalizados para de esa forma prevenir o eliminar posibles riesgos de caídas o golpes con especial atención a las personas con discapacidad o de reducida movilidad.
- Todos los productos del establecimiento ubicados en la sala de ventas se encuentren de tal forma que eviten peligros de caídas o daños al cliente.

■ Se compruebe la identidad en los pagos con tarjeta con el documento legal acreditativo, y en ningún caso se deje de controlar los documentos de identificación y la tarjeta de pago después de realizar la operación, siendo entregados inmediatamente al cliente después de la operación de cobro, no pudiendo dejar estos sobre el mostrador sin control alguno por parte del personal del establecimiento.

5.8. Accesibilidad

Al igual que ocurre con la fiabilidad, la accesibilidad, ya no es considerada como un requisito independiente. La Norma UNE 175001-1:2004, se puede ver cómo algunos de los criterios para considerar un nivel de accesibilidad adecuado han sido incluidos por la Norma UNE 175001-1:2013 dentro del requisito de seguridad. A continuación se recoge la redacción de la Norma UNE 175001-1:2004.

La **accesibilidad** es definida por la Norma UNE 175001-1 como: "la facilidad para localizar el establecimiento comercial y para entrar en el mismo y desplazarse por su interior, así como la facilidad de contactar con el personal y localizar y visualizar los productos y la información relacionada con los mismos y con los servicios ofrecidos por el establecimiento".

La accesibilidad se considerará adecuada cuando:

■ La dirección cumpla con la normativa vigente en relación al horario y días de apertura.
■ Se facilite la movilidad de los clientes dentro del establecimiento, especialmente aquellos que por sus características tengan mayores problemas en su movilidad, como por ejemplo personas mayores, minusválidos, etc.
■ Se considere como prioridad, en el caso de futuras reformas arquitectónicas en el establecimiento, la eliminación de las barreras de movilidad cumpliendo para ello con la legislación vigente en la materia.
■ El personal del establecimiento permanezca cerca y atento a las necesidades de sus clientes.

- Se mantengan al alcance de los clientes, en la medida de lo posible y siempre que la propia naturaleza del producto lo permita, los artículos expuestos en la sala de ventas.
- Se ofrezca un trato personal a los clientes considerados como habituales.

5.9. Aplicación práctica

Marcos es un amante de las bicicletas y de la montaña. La ciudad donde vive es un pueblo pequeño cercano a un parque natural muy famoso, siendo el turismo el motor económico de la ciudad. Con sus ahorros (15.000 €) y con ayuda de su familia que le ha cedido un local en el centro, ha decidido crear un negocio de venta y alquiler de bicicletas de montaña.

Actualmente se encuentra decidiendo entre dos proveedores qué tipo de bicicletas va a vender y alquilar (para empezar estima que necesita para venta 20 unidades y para alquiler un total de 10 unidades). Estos proveedores tienen productos con características y precios distintos, a saber:

Características/Bicicletas	Proveedor A	Proveedor B
Cuadro	B-Pro Aluminio	B-Pro Aluminio, triple triángulo, punteras desmontables
Horquilla	B-Pro Aluminio	B-Pro Aluminio
Manillar	600 mm	600 mm
Freno	V-Brake Aluminio	Disco hidráulico
Cambio	21 velocidades	27 velocidades
Talla	15", 18", 20" y 22"	L, M, y S
Suspensión	Delantera	Delantera
Coste	250 €	650 € y de menor precio
Tiempo de entrega	5 días	5 días
Descuentos	10 % comercial	15 % comercial y 5 % por compra superior a 10 unidades
Otros	–	Servicio de recambios y accesorios oficiales.

Marcos quiere dar a sus futuros clientes una imagen de profesionalidad y un toque de exclusividad, por ello sabe que la atención al cliente es básica para el buen funcionamiento de su negocio, así que decide cumplir con los requisitos establecidos en la Norma UNE 175001-1:2013 "Calidad de servicio para pequeño comercio. Parte 1: Requisitos Generales". Indique a Marcos cómo cumplir con los requisitos de calidad de la norma y en concreto a:

- Elegir entre los dos proveedores aquel producto que en relación a sus características cumple con la calidad requerida por Marcos para su negocio.
- Los instrumentos de medición de la satisfacción de los clientes a implantar.
- Las pautas de atención y asesoramiento a la clientela en función a la Norma UNE 175001-1:2013.
- Elaborar un código de buenas prácticas comerciales sin olvidar un procedimiento de resolución de incidencias, reclamaciones y quejas, todo ello mediante una pequeña simulación.

Solución (propuesta)

En relación a la elección de los proveedores, dado que Marcos quiere establecer para su comercio una imagen de profesionalidad y exclusividad y teniendo en cuenta que dispone de 15.000 € (de los cuales la mayoría del dinero puede ser destinada a la compra de bicicletas), el proveedor elegido debería de ser el "B" a pesar de que el número de unidades de bicicletas que necesita por su precio es superior al capital del que dispone.

A pesar de que el coste de la bicicleta del proveedor "B" es muy superior al proveedor "A", el primero posee bicicletas a un coste inferior a 650 €, tiene características comerciales más ventajosas que el proveedor "A" en materia de descuentos comerciales y por volumen de pedido, y también mayores servicios posventa, como el servicio de recambios y accesorios oficiales.

Para medir la satisfacción de sus clientes, dado el tamaño de la empresa, capital del que dispone y que solo se encuentra Marcos como única persona de contacto con el cliente, los instrumentos a implantar podrían ser un buzón de sugerencias y una encuesta de satisfacción de clientes. Ambos instrumentos tienen como ventaja su bajo coste. Como desventaja se puede decir que el buzón de sugerencias tiene una escasa participación, por ello, de manera aleatoria, se debería realizar una pequeña encuesta a los clientes sobre su grado de satisfacción, sugerencias, quejas y/o posibles reclamaciones para complementar el buzón de sugerencias.

En relación a los requisitos tangibles se debe de acondicionar el local distinguiendo dos zonas: una de venta y otra de alquiler. En ambas zonas se pueden ofrecer servicios de asesoramiento de uso de las bicicletas e información sobre rutas disponibles por las montañas del parque natural.

También es necesario disponer del mobiliario y equipo necesario para asegurar la correcta exposición de los productos y la seguridad de los mismos y de la clientela. Dado que la mayoría de sus productos son de gran tamaño, no sería conveniente situar en la salida del establecimiento arcos para detectar la salida de los artículos, pero sí una alarma conectada con un servicio de vigilancia 24 horas para evitar robos mientras el establecimiento se encuentra cerrado. También es necesario disponer de distintos medios de pago debido al precio elevado de la mayoría de sus productos, que hace que el pago en efectivo sea difícil y poco aconsejable por seguridad y usabilidad.

Como Marcos desea dar a sus clientes una imagen de profesionalidad es conveniente que, a pesar de los conocimientos que posee en este tipo de artículos dada su afición a este deporte, realice varias acciones formativas (bien impartidas por el proveedor o bien voluntariamente) para poder llegar a prestar un mejor servicio a sus clientes. Como además es natural del lugar, Marcos conoce perfectamente cuáles son las mejores rutas para realizar en bicicleta dentro del parque natural, lo que incrementa la atención personalizada al cliente, mostrando una imagen de conocimiento y seguridad sobre este deporte y el entorno natural donde desarrollarlo.

Para cumplir con la norma en relación a los requisitos del servicio es necesario elaborar e implantar un código de buenas prácticas comerciales, así como un procedimiento de resolución de incidencias, reclamaciones y quejas de la clientela, el cual se detalla a continuación:

Cortesía

FRASES A UTILIZAR CON LOS CLIENTES	
A su llegada	Hola buenos días/tardes, le atiende Marcos. ¿Puedo ayudarle en algo?
Durante la compra	Dirigirse siempre "de usted" a no ser que sea un cliente conocido. Preguntar sobre: - Tipo y/o modelo de bicicleta. - Necesidades técnicas. - Aconsejar al cliente teniendo en cuenta sus necesidades y el modelo y/o tipo elegido por el cliente.
Al cierre de la compra y toma de notas de servicios adicionales	Ha elegido una magnífica bicicleta. Si me facilita un número de teléfono, en cuanto llegue, le aviso para venir a recogerla.
Elección de la forma de pago	¿Lo paga en efectivo o con tarjeta?
A la despedida del cliente	Muchas gracias (por su compra). Adiós y buenos días/tardes.

Credibilidad

Esta se mostrará, en primer lugar, por el conocimiento técnico de Marcos sobre sus productos, así como del asesoramiento y conocimientos de información del parque natural, rutas, etc. La publicidad y promociones que se establezcan describirán fehacientemente las características de su establecimiento y de sus productos y/o servicios.

También, en caso de disconformidad del cliente, es necesario establecer un procedimiento de resolución de incidencias, reclamaciones y quejas.

INCIDENCIAS

Forma de actuar en presencia del cliente

Escuchar y empatizar con el cliente.

Comprender el motivo de la incidencia respetando la opinión del cliente.

Si es posible, intentar resolver la incidencia en el momento. Si no es posible, garantizar al cliente que dicha incidencia será resuelta de manera satisfactoria en un plazo lo más corto posible tomando los datos del cliente para informarlo una vez se haya resuelto.

Agradecer al cliente que haya presentado su incidencia.

Si el cliente no tiene razón, dar una solución airosa a su problema minimizando o quitando importancia al problema.

Forma de actuar una vez el cliente se ha marchado del establecimiento

Tomar nota de la incidencia, si ha podido ser resuelta o no y tomar medidas para que en el fututo no vuelva a suceder.

RECLAMACIONES	QUEJAS	DEVOLUCIONES
En presencia del cliente		
Escuchar al cliente	Escuchar al cliente	Escuchar al cliente
Comprender su reclamación y empatizar, tranquilizando al cliente.	Comprender su queja y empatizar con el cliente.	Preguntar el motivo de la devolución del producto.
Revisar el producto y/o servicio prestado.	Analizar la queja y el grado de importancia.	Realizar una revisión del producto para comprobar si procede o no la devolución.
Analizar su reclamación y su importancia.	Dar una respuesta satisfactoria al cliente en la medida de lo posible.	En caso de ser justificada la devolución, proceder al cambio del producto o devolución del dinero si corresponde con la política de la empresa.
Dar una respuesta satisfactoria al cliente y facilitarle el libro de reclamaciones en caso de ser pedido.	Dar el libro de reclamaciones en el caso de ser pedido por el cliente.	Agradecer la amabilidad del cliente y disculparse por las molestias ocasionadas.

Continúa en página siguiente >>

<< Viene de página anterior

RECLAMACIONES	QUEJAS	DEVOLUCIONES
Forma de actuar cuando el cliente se ha marchado del establecimiento		
Tomar nota de la reclamación y la solución dada.	Tomar nota de la queja y la solución dada.	Anotar la devolución del producto, motivo y ponerse en contacto con el proveedor en caso de defecto de fábrica u otra razón análoga que corresponda al proveedor.

Capacidad de respuesta

Para satisfacer los requisitos de capacidad de respuesta hacia los clientes, Marcos deberá realizar una planificación sobre las previsiones de compra de bicicletas. Una posible planificación de las compras sería la siguiente:

PREVISIONES		
	Compras	Servicios adicionales
Temporalidad. Festividades, periodo de vacaciones, etc.	Para las épocas de Navidad y periodos estivales debido a la mayor demanda.	Posibilidad de envío a domicilio y realizar pedidos especiales de productos y apartado de los mismos.
Capacidad del almacén	Tener en cuenta las limitaciones físicas del establecimiento, por lo que se requerirá de un control exhaustivo de las existencias en periodos de fuerte demanda.	
Tipo y variedad de productos demandados	Posibilidad de ofrecer al cliente el catálogo completo del distribuidor aun no teniendo los productos físicamente.	

Comprensión del cliente

Marcos sabe que es muy importante la atención personalizada, por lo que sería conveniente una actitud frente al cliente comprensiva, poniendo atención a todo lo que el cliente expresa para de esa forma identificar sus necesidades de la manera más rápida, así como establecer una serie de preguntas para comprender las necesidades y confirmarlas. ¿Qué modelo de bicicleta desea? ¿Es para competición o simplemente para practicar el deporte? La bicicleta, ¿es para un niño/a o un adulto?, etc. Es conveniente que el establecimiento otorgue un periodo de garantía de los productos adquiridos dado el importe y complejidad de los mismos (por ejemplo, 12 meses de garantía). Además, el horario del establecimiento deberá de adaptarse a las necesidades del cliente. Puesto que la mayor demanda de productos y/o servicios se dan en periodos estivales o Navidad, se podría establecer el siguiente horario.

Horario de invierno (meses de noviembre a abril): lunes a sábados de 10:00 a 13:30 H y de 17:30 a 21:00 H. En periodo de Navidad: de lunes a domingo de 10:00 a 14:00 H y de 17:00 a 22:00 H.

Horario de verano (meses de mayo a octubre): lunes a sábados de 10:00 a 14:00 H y de 17:30 a 22:30 H.

La fiabilidad y la comunicación

Es saber que Marcos está realizando correctamente sus obligaciones y que sus clientes se encuentran perfectamente informados de ello. Este es un punto muy importante a tener en cuenta, por lo que sería muy recomendable que para la publicidad del establecimiento, campañas de rebajas, promociones, etc. se subcontrate a una empresa de *marketing,* lo que va a dar garantía de que se realiza un buen trabajo y sin errores. Marcos ha de cuidar en todo momento el proceso de facturación y cobro, requiriendo para ello el documento identificativo del cliente en caso de cobro con tarjeta. Por último, ha de cuidar en extremo que todos sus productos y/o servicios se encuentren correctamente señalizados mediante carteles identificativos en los que se hará constar sus especificaciones técnicas, precios, y posibles variaciones en los mismos con motivo de descuentos, promociones, etc. Los horarios del comercio se deberán encontrar en un lugar visible, al igual que la existencia del libro de reclamaciones, así como de los compromisos que el establecimiento adquiere con el cliente en relación a las formas de pago posibles, garantías de sus productos y devolución de los mismos.

Seguridad

Marcos deberá asegurar que todos los productos expuestos en el establecimiento puedan ser observados e incluso probados por el cliente sin que estos, además, puedan causar algún tipo de daño, por lo que deberá de contar con sistemas de fijación de las bicicletas al suelo sin que puedan perder la verticalidad arrastrando en su caída a otros productos. Deberá de ofrecer un trato personalizado a los clientes ya considerados como habituales, así como cumplir con la legislación vigente en materia de Prevención de Riesgos Laborales (P.R.L.). Por último, y dado que sus productos tienen un tamaño considerable, no sería necesaria la implantación de arcos de seguridad en la salida del establecimiento para evitar robos o hurtos, pero sí es aconsejable la implantación de una alarma 24 horas conectada a un servicio de vigilancia privado con el fin de evitar posibles robos o hurtos mientras el establecimiento se encuentra cerrado tal y como se ha aconsejado anteriormente.

6. Resumen

La calidad es considerada como una ventaja fundamental para combatir las amenazas de la competencia.

Son las expectativas y necesidades cumplidas y satisfechas de los clientes las que catalogan el servicio y/o producto del pequeño comercio como de calidad, y es a través de las distintas normativas a nivel internacional y nacional como se puede llegar a certificar el cumplimiento de unos requisitos mínimos e indispensables para llegar a dotar al comercio de proximidad como sector caracterizado por la calidad en sus productos y servicios ofrecidos al cliente.

Es mediante la adopción de los requisitos (tangibles e intangibles) establecidos en las normativas UNE 175001 e UNE-EN ISO 9001 con los que se consigue la implantación de un sistema de gestión de la calidad en el pequeño comercio. La existencia de un gran abanico de normas que hacen referencia a sectores distintos del comercio tradicional ha dado lugar que multitud de empresas acreditadas o no por ENAC (Entidad Nacional de Acreditación), garanticen la calidad de los productos y/o servicios de estos establecimientos, dando a sus clientes una imagen de profesionalidad, buena gestión y calidad.

La cortesía, fiabilidad y credibilidad, capacidad de respuesta, compresión del cliente, la comunicación y la seguridad son requisitos básicos a cumplir en todo sistema de gestión de la calidad y elementos necesarios en el código de buenas prácticas comerciales que todo pequeño comercio debe tener y cumplir si quiere conseguir clientes satisfechos y fieles.

Ejercicios de repaso y autoevaluación

1. ¿Cuáles son las dos normas básicas por las que se va a regir la calidad de los productos y/o servicios en el pequeño comercio?

_____
_____
_____
_____

2. Responda brevemente cuál es la relación existente entre la satisfacción del cliente y la calidad de los productos y/o servicios.

_____
_____
_____
_____

3. De las siguientes definiciones de calidad, indique cuál es la más adecuada para el pequeño comercio.

   a. Grado con el que el conjunto de características inherentes (del producto o servicio) cumple con los requisitos.
   b. Pérdida que el uso de un producto o servicio causa a la sociedad.
   c. La medida en que un cliente percibe que un producto y/o servicio cumple o satisface con sus expectativas.

4. Enumere las distintas características que hacen que un producto y/o servicio sea considerado como de calidad.

_____
_____
_____
_____

5. Complete el siguiente texto.

La _____ de utilizar como instrumento de medición las _____ de satisfacción de clientes, es que los datos obtenidos pueden llegar a ser más _____ del total de _____, siendo su principal desventaja, el tiempo necesario para el _____ y _____ de los datos obtenidos.

6. Señale si las siguientes afirmaciones son verdaderas o falsas.

    a. Una de las ventajas del empleo del buzón de sugerencias es su alta tasa de utilización entre los clientes.

        ☐ Verdadero
        ☐ Falso

    b. El panel de sugerencias es un instrumento de medición de la satisfacción del cliente que consiste en la realización de manera esporádica de una serie de preguntas a un grupo de clientes elegidos de manera aleatoria.

        ☐ Verdadero
        ☐ Falso

    c. La gran desventaja de utilizar como instrumento de medición de la satisfacción del cliente al comprador espía, es la posible valoración subjetiva que pueda realizar, dando lugar a la emisión de juicios más o menos exigentes de lo que pudiera llegar a realizar un cliente normal.

        ☐ Verdadero
        ☐ Falso

7. Indique cuál de los siguientes objetivos NO forma parte del fin primordial de la implantación de la Norma UNE 175001 en el pequeño comercio.

    a. Mejorar la imagen de los establecimientos comerciales ante sus clientes.
    b. Incrementar los beneficios netos del establecimiento a costa de una disminución de las competencias profesionales.
    c. Diferenciar los establecimientos comerciales que adopten esta norma por el medio de la calidad del servicio.

8. **Complete el siguiente texto.**

La Norma UNE _____ establece cuáles son los _____ de calidad para la actividad de venta y _____ adicionales en aquellos establecimientos comerciales que posean _____ de _____ trabajadores.

9. **Relacione los distintos puntos que conforman los requisitos necesarios para la consecución de los objetivos que la Norma UNE 175001-1:2013 establece.**

    a. Requisitos del servicio
    b. Requisitos de elementos tangibles
    c. Requisitos del personal
    d. Requisitos para la mejora continua

    __ Envases y embalajes
    __ Competencia profesional
    __ Consulta periódica de los clientes
    __ Cortesía
    __ Imagen
    __ Seguridad
    __ Sistemas para recabar información
    __ Documentos de compra

10. **Identifique cuál no es uno de los requisitos de los elementos tangibles para pescaderías según establece la Norma UNE 175001-2.**

    a. Sistemas de desagüe en la sala de ventas.
    b. Aseos y vestuarios.
    c. Cámaras de conservación, congelación o arcones.
    d. Armarios/almacenes para los productos de limpieza y para los envases y embalajes.

11. **Explique brevemente cuál es la potestad pública conferida por el Estado español al organismo ENAC (Entidad Nacional de Acreditación).**

    _____
    _____
    _____
    _____

12. **Señale si las siguientes afirmaciones en relación al código de buenas prácticas comerciales son verdaderas o falsas.**

    a. El personal del establecimiento deberá procurar un ambiente de confianza desmesurada para que el cliente se sienta confortable durante el proceso de compra-venta.

        ☐ Verdadero
        ☐ Falso

    b. Ante posibles quejas, reclamaciones o devoluciones, el personal del establecimiento mostrará en todo momento respeto excepto cuando este no sea correspondido por el cliente.

        ☐ Verdadero
        ☐ Falso

    c. Se definen por parte de la dirección unas pautas de comportamiento para dirigirse al cliente a su llegada, confirmar su compra y su despedida.

        ☐ Verdadero
        ☐ Falso

13. **Explique brevemente a qué se refiere la Norma UNE 175001 cuando habla de comprensión al cliente como requisito del servicio en el código de buenas prácticas comerciales.**

_____
_____
_____
_____

14. Señale la respuesta incorrecta. En relación al requisito de comunicación del código de buenas prácticas, la dirección del establecimiento comercial anunciará de forma visible...

    a. ... las distintas formas de pago y sus respectivas condiciones.

    b. ... la normativa en prevención de riesgos laborales que afecta al establecimiento.

    c. ... los compromisos generales que el establecimiento adquiere con sus clientes.

15. ¿Es la accesibilidad un requisito recogido en la Norma?

_____

_____

_____

_____

Capítulo 3
Estrategias de diferenciación del pequeño comercio sostenible

Contenido

1. Introducción

En la actualidad, el pequeño comercio libra una batalla contra las grandes superficies comerciales por sobrevivir en un mercado cada vez más cambiante, ante una población cuyas pautas de actuación se mueven al compás de los rápidos cambios sociológicos, tecnológicos y poblacionales que se producen, ante brutales cambios urbanísticos y continuas modificaciones legislativas y cómo no, ante el rápido e imparable crecimiento de las nuevas tecnologías de la información y comunicación (TIC) que han provocado que publicitarse, dar a conocer productos y servicios, comprar y vender y en definitiva, ser capaces de llegar al mayor número de gente, sea tan fácil como apretar un simple botón y conectarse a internet desde un móvil de última generación.

Actualmente, al pequeño comercio ya no le basta con tener un trato personalizado y estar especializado en la venta de sus producto y/o servicios, incluso de estar certificado mediante una norma internacional o nacional como establecimiento de calidad. Ahora hay que estar en un mercado mucho más amplio, un mercado que no tiene barreras, hay que estar presente en la red de redes.

Esta nueva forma de hacer comercio, basada en el acceso a muy bajo coste de las nuevas tecnologías de la comunicación y de la información, ha provocado que el pequeño comercio de un paso de gigante, plantando cara a las grandes superficies, haciendo si cabe, más eficiente y eficaz su comercio y ahorrando costes, energía y tiempo. En definitiva, siendo un comercio más competitivo, responsable, diferenciado y tecnológicamente más avanzado, sin perder la pátina del comercio tradicional, del comercio de proximidad.

2. Política de devoluciones del pequeño comercio

Antiguamente, cuando un cliente solicitaba una devolución del producto y/o servicio se encontraba hasta cierto punto indefenso, ya que dependía en gran medida de la buena fe o voluntad del comerciante. En la actualidad, y dado que el pequeño comercio se ha percatado de la importancia de la atención personalizada al cliente, además de la implantación de una serie de leyes, normas y buenas prácticas comerciales como parte primordial de la diferenciación frente a la competencia y como única forma de obtener y fidelizar clientes, las posibles situaciones de abuso sobre los clientes que se puedan producir han dejado de ser comunes, ya que ello conlleva la obtención de una mala imagen para el comercio y a una paulatina bajada en las ventas que tiene como fin, el cierre del establecimiento comercial.

 Nota

La política de devoluciones deberá ser definida por el comerciante y expuesta para el conocimiento del cliente.

La **devolución** se produce cuando un cliente/consumidor devuelve, coloquialmente "descambia", a un comerciante un producto y/o servicio que previamente ha adquirido porque:

- El producto se encuentra estropeado o no satisface las necesidades o expectativas que aseguraba cumplir.
- El servicio prestado no se corresponde con lo demandado o no satisface las necesidades del cliente.

Esta devolución podrá llevarse a cabo siempre y cuando se encuentre dentro de lo establecido en la política de devoluciones del establecimiento comercial, la cual se define como el conjunto de normas y reglas por las que se rige el proceso de devolución, o cuando esté regulado en las leyes y normativas vigentes en materia de comercio, las cuales básicamente son:

- El Real Decreto 1/2007, de 16 de noviembre, por el que se aprueba el texto refundido de la Ley General para la Defensa de los Consumidores y Usuarios y otras Leyes Complementarias.
- La Ley 7/1996, de 15 de enero, de Ordenación del Comercio Minorista.
- La Norma UNE 175001-1:2013 "Calidad de Servicios para el Pequeño Comercio".

En principio, los comerciantes con un establecimiento comercial físico no se encuentran obligados por ley a aceptar devoluciones a no ser que haya un problema de disconformidad del cliente con el producto o este se encuentre defectuoso. Es más, el comerciante no se encuentra obligado a devolver o descambiar el producto si este se encuentra en perfectas condiciones, a no ser que así lo establezca su política de devoluciones. En cambio, el comerciante sí se encuentra obligado frente al derecho de desistimiento en el caso de la venta a distancia, siempre y cuando se encuentre dentro del plazo establecido para ello, 14 días naturales, este periodo no se aplica a todos los productos, existen excepciones, como billetes de avión y tren, entradas de conciertos, etc.

La Norma UNE 175001-1:2013 "Calidad de Servicios para el Pequeño Comercio" ya lo establece en el punto 3.3 como uno de los requisitos del servicio, en concreto el que hace referencia a la credibilidad, la cual es definida como: "el efecto obtenido mediante la honradez, veracidad y sinceridad mostrada por el personal del establecimiento comercial a los clientes".

 **Actividades**

1. Responder a las preguntas del siguiente supuesto: como propósito de año nuevo ha decidido hacer ejercicio a diario y para ello ha comprado en la tienda de deportes "Deportes Vargas" de su ciudad unas zapatillas de running. Le han costado 95 euros, pero una vez en casa se ha dado cuenta de que le quedan demasiado pequeñas y además ya no le gusta ese modelo de zapatillas. Ha vuelto al establecimiento y Manuel Vargas, propietario del comercio, le ha dicho que no se las puede descambiar por otro modelo o artículo ni devolver el dinero. La solución es pedir un número mayor del calzado. ¿Cree que Manuel actúa correctamente? Responda razonadamente.

Es en este punto donde el código de buenas prácticas comerciales requiere establecer un protocolo de actuación en relación a las quejas, reclamaciones y devoluciones que los clientes puedan realizar sobre los productos y/o servicios del establecimiento, e incluso, del trato recibido por la dirección o el personal del mismo.

Cuando se trata el tema de la política de devoluciones en el pequeño comercio es necesario tener presente el concepto de desistimiento, entendiendo este como la capacidad o facultad que tiene un cliente de devolver la compra al comercio después de un determinado periodo de tiempo, sin tener que alegar razón alguna al respecto y sin que pueda causarle algún tipo de penalización.

De hecho, el Real Decreto 1/2007, de 16 de noviembre, por el que se aprueba el texto refundido de la Ley General para la Defensa de los Consumidores y Usuarios y otras Leyes Complementarias, en su **artículo 68** determina el contenido y el régimen del derecho de desistimiento, estableciendo:

- La nulidad de cualquier penalización impuesta por el comerciante por el uso del derecho de desistimiento por parte del cliente.
- El derecho de desistimiento del consumidor en base a la legislación vigente y a las condiciones establecidas en la oferta, promoción, publicidad o en el propio contrato de compraventa.
- La regulación de este derecho según lo establecido en las disposiciones legales que se establezcan para cada caso y en última instancia, en lo dispuesto en el libro segundo, título primero, capítulo segundo de este Real Decreto.

La Ley 7/1996, de 15 de enero, de Ordenación del Comercio Minorista, para el ejercicio del derecho de desistimiento se estará a lo dispuesto por el artículo 71 del texto refundido de la Ley General para la Defensa de los Consumidores y Usuarios y otras leyes complementarias, aprobado mediante Real Decreto Legislativo 1/2007, de 16 de noviembre, que dice textualmente:

"El consumidor y usuario dispondrá de un plazo mínimo de catorce días naturales para ejercer el derecho de desistimiento.

2. Siempre que el empresario haya cumplido con el deber de información y documentación establecido en el artículo 69.1, el plazo a que se refiere el apartado anterior se computará desde la recepción del bien objeto del contrato o desde la celebración de éste si el objeto del contrato fuera la prestación de servicios.

3. Si el empresario no hubiera cumplido con el deber de información y documentación sobre el derecho de desistimiento, el plazo para su ejercicio finalizará doce meses después de la fecha de expiración del periodo de desistimiento inicial, a contar desde que se entregó el bien contratado o se hubiera celebrado el contrato, si el objeto de éste fuera la prestación de servicios.

Si el deber de información y documentación se cumple durante el citado plazo de doce meses, el plazo legalmente previsto para el ejercicio del derecho de desistimiento empezará a contar desde ese momento.

4. Para determinar la observancia del plazo para desistir se tendrá en cuenta la fecha de expedición de la declaración de desistimiento."

Por tanto, el plazo para ejercitar el derecho de desistimiento es de como mínimo, catorce días naturales.

El **ejercicio del derecho de desistimiento,** como derecho fundamental de la política de devoluciones, no se encuentra sujeto a formalidad alguna, ya que solo es necesario que se acredite de cualquier manera para que este derecho sea admitido, se considerará válido el desistimiento enviando un documento con la petición de desistimiento o mediante la devolución de los productos. A continuación, el vendedor se encontrará obligado a devolver las cantidades cobradas en un plazo máximo de 14 días naturales desde la ejercitación del derecho de desistimiento.

Existen una serie de productos que no podrán ser devueltos por los consumidores según se establece en la legislación vigente y competente en la materia, a saber:

- La prestación de servicios si ha sido ejecutada completamente.
- Suministros de bienes sujetos a fluctuaciones de precios por coeficientes del mercado financiero o que al vendedor le resulte imposible de controlar.
- Suministro de productos confeccionados según las especificaciones dadas por el consumidor, es decir, son bienes claramente personalizados o bien, bienes que por su naturaleza intrínseca pueden deteriorarse con rapidez (ejemplo: productos alimenticios).
- El suministro de bienes que después de su entrega y teniendo en cuenta su naturaleza se hayan mezclado de forma indisociable con otros bienes.
- Suministro de bebidas alcohólicas con el precio acordado y que no puedan ser entregadas antes de 30 días y cuyo valor real dependa de fluctuaciones del mercado que el empresario no pueda controlar.
- Reparaciones o mantenimiento urgentes a solicitud del consumidor.

- Videos, archivos sonoros, *software,* etc. Todos aquellos bienes que han sido desprecintados por el consumidor o suministrados a este mediante procedimientos telemáticos o descargados o reproducidos por el cliente.
- Prensa, revistas y publicaciones diarias.
- Contratos celebrados mediante subastas públicas.
- Servicios de alojamiento para fines distintos del de servir de vivienda, transporte de bienes, alquiler de vehículos, comida o servicios relacionados con actividades de esparcimiento, si los contratos prevén una fecha o un periodo de ejecución específicos.
- Suministro de contenido digital que no se preste en un soporte material cuando la ejecución haya comenzado, y si el contrato impone al consumidor una obligación de pago cuando el consumidor haya otorgado su consentimiento previo para iniciar la ejecución durante el plazo del derecho de desistimiento, haya expresado su conocimiento de que pierde el desistimiento y el empresario haya proporcionado una confirmación con arreglo a esta ley.

De todo ello se desprende que la política de devoluciones ha de ser un aspecto importantísimo a tener en cuenta por el comerciante, esta deberá ser comunicada al cliente/consumidor de manera fehaciente y no podrá dar lugar a malas interpretaciones, cumpliendo así con otro de los requisitos del servicio que la Norma UNE 175001-1:2013 establece, como es el requisito de comunicación.

 Aplicación práctica

En un pequeño comercio de venta de material deportivo de reciente creación desean elaborar una política de devoluciones para cumplir así con la normativa vigente. El establecimiento comercializa ropa deportiva (camisetas, pantalones, bañadores y ropa interior), zapatillas y accesorios (gafas, relojes y productos de alimentación deportiva). Una vez que el gerente ha elaborado su política de devoluciones ha establecido cuáles son los artículos que no se pueden devolver y como norma común, el gerente ha decidido no devolver el dinero de la compra efectuada por el cliente. ¿Qué artículos son los que no se tendría opción de devolver? ¿Sería correcta la decisión de no devolver el dinero en caso de no conformidad del cliente por la compra realizada?

Continúa en página siguiente >>

<< Viene de página anterior

SOLUCIÓN

En principio, el comerciante en su establecimiento físico no se encuentra obligado a realizar devoluciones, no obstante, ha decidido aceptarlas a excepción de aquellos artículos que la legislación vigente establece que no pueden ser devueltos, en concreto para este establecimiento son:

▪ Los productos alimenticios deportivos, por su naturaleza intrínseca y rapidez de deterioro.
▪ La ropa interior deportiva, motivos higiénicos.

El gerente ha decidido en su política de devoluciones no devolver el dinero de la compra al cliente en caso de disconformidad. Esta decisión es correcta, ya que en ningún caso la ley le obliga a realizar tal acto, y al no tratarse de una venta a distancia, no se puede alegar el derecho de desistimiento. Como recomendación sería aconsejable que ofreciese soluciones alternativas como "vales regalo", utilización del importe de la compra para la adquisición de otro artículo, saldo o crédito en el establecimiento a favor del cliente, etc.

 Actividades

2. Contestar a las preguntas del siguiente supuesto: como buen aficionado a los videojuegos y a la lectura, ha decidido comprar a través de internet tres videojuegos para la PS5 y dos libros. Cuando el paquete llega a su casa, desenvuelve y desprecinta los artículos y se da cuenta que uno de los juegos es para la XBOX. Por ello decide devolverlo, ¿puede realizar la devolución? ¿Qué plazo tiene?

3. Web y uso por el pequeño comercio

Gracias a la idea de Tim Berners-Lee (creador de la web) se consiguió tener un método eficaz y rápido para poder intercambiar datos entre ordenadores, todo ello basado en un lenguaje que podía ser leído en cualquier equipo informático conectado a internet.

Este medio de comunicación es un tipo de lenguaje basado en el hipertexto y que utiliza el protocolo de comunicaciones de internet (TCP/IP). En marzo de 1991, Tim consiguió crear el primer programa visualizador para este tipo de leguaje dando origen a la *World Wide Web.* Más tarde la International *Standars Organitation* (ISO) estandarizó este lenguaje en toda la red denominándolo *Hypertext Markup Language* (HTML).

La web, o como se denomina el gran hipertexto y la red, reúne multitud de documentos, imágenes, videos, etc. y ha revolucionado la forma de compartir información entre los seres humanos, convirtiéndose en los últimos años en una herramienta imprescindible para el pequeño comercio. De hecho, la red hace gala de la frase "quien no está presente en internet no existe".

 Sabía que...

El servicio estadístico WorldWideWebSize.com, el cual utiliza los principales motores de búsqueda en internet (Google, Yahoo y Bing), ha declarado que a fecha de noviembre de 2023 existen al menos 2.563,2 millones de páginas web.

Cuando el pequeño comerciante decide lanzarse en la aventura de utilizar la web, como mínimo, como escaparate virtual de su establecimiento e incluso dar un paso más lejos introduciendo una tienda virtual en la que ofertar y vender sus productos y/o servicios, debe establecer claramente una política de actuación que tendrá como objetivo fijar los pasos a seguir y determinar los costes en los que incurrirá el establecimiento comercial en su lanzamiento a la red. No se trata de estar simplemente en internet, ya que actualmente existen multitud de comercios en la red, se trata de estar, ser visible y diferente al resto de establecimientos virtuales. La tarea por tanto consiste en determinar qué es lo que el comerciante quiere conseguir, qué medios va a utilizar para lograrlo y cuál es el coste que le va a suponer.

En el caso de que el pequeño comercio decidiera crear una web para ofrecer y vender sus productos y/o servicios deberá tener presente los siguientes aspectos:

- Decidir si el propio establecimiento va a ser capaz de desarrollar la web o esta va a ser realizada por una empresa desarrolladora.
- Que todo comercio electrónico o e-commerce se compone de cuatro fases:

  - Promoción de los productos y/o servicios.
  - Proceso de pedido.
  - Proceso de pago.
  - Proceso de distribución o entrega del pedido.

- Determinar el diseño, características técnicas y *software,* idiomas, medios de pago seguros, etc.
- En todo momento se ha de buscar la sencillez en el diseño de la web, la utilización de mensajes cortos y sencillos y facilitar en la mayor medida posible el acceso a todos los contenidos.
- Dentro de la política de *marketing* se han de establecer las necesidades de promoción y difusión del sitio web.
- Una vez creada la web deberá ser mantenida y actualizada periódicamente y utilizar herramientas como foros o mails para recabar la información necesaria sobre los visitantes y sus opiniones y sugerencias relacionadas con la web y su usabilidad.

Toda acción llevada a cabo por el establecimiento comercial conlleva unos pros y contras. El lanzamiento de la web de un comercio también va a suponer una serie de ventajas e inconvenientes para el comerciante, y como no, para el cliente/consumidor, además, el hecho de que como mínimo la web va a suponer una manera de publicitarse distinta a la de los medios tradicionales, también conlleva una serie de ventajas e inconvenientes frente a los medios de comunicación tradicionales.

VENTAJAS DE LA WEB PARA EL PEQUEÑO COMERCIO
Proporciona un mayor acceso de clientes potenciales.
Presencia 24 horas, 365 días al año por un coste muy reducido.
Elimina la necesidad de instalaciones físicas.
Facilidad de acceso a nuevos mercados y de extensión del comercio.
Eliminación de intermediarios al realizarse el contacto directo con el cliente.
Menor tiempo en los pedidos y en las entregas.
Incrementa la imagen de la empresa otorgándole un nuevo prestigio.

En resumen, las ventajas de la web en el pequeño comercio se basan en la comunicación y la distribución mediante una mayor facilidad de contacto entre comprador y vendedor, fidelización de los clientes, mejora de la imagen comercial y la no limitación de los horarios. La web no está sujeta a horarios, la atención al cliente se realiza durante 24 horas, los 365 días al año.

INCONVENIENTES DE LA WEB PARA EL PEQUEÑO COMERCIO
Necesidad de formación adecuada sobre conocimientos informáticos.
Coste del desarrollo web del establecimiento comercial.
No existencia del trato personal con el cliente, lo que puede dar lugar a una posible desconfianza y miedo.
El problema de la seguridad en las transacciones comerciales.

En relación con los medios de comunicación tradicionales como son los folletos, revistas, prensa y televisión, el alcance de estos en comparación con la web es sustancialmente menor, dado que en el caso de los folletos, estos son utilizados por los comercios cuando necesitan incrementar su presencia o afianzar la clientela en su misma ciudad o poblaciones limítrofes del lugar de ubicación del establecimiento.

En cuanto a las revistas y prensa, el coste es mayor que en el caso de los folletos y el alcance será limitado a no ser que se trate de revistas y prensa de tirada nacional. Por último, la televisión supone para el pequeño establecimiento un medio de comunicación prácticamente inalcanzable debido a su elevado coste, inasumible a no ser que se trate de canales de televisión locales, a lo sumo autonómicos, limitándose en ese caso el alcance a potenciales clientes.

A pesar de las grandes ventajas de la implantación de la web en el comercio de proximidad, los inconvenientes existen y han de ser tenidos muy en cuenta, sobre todo los relacionados con el coste de desarrollo, implantación y mantenimiento, así como el de la seguridad en las operaciones de compra mediante procesos telemáticos.

Después de la web, nuevos recursos o sitios web han aparecido para dar un mayor número de posibilidades de formas de comunicación. Los blogs, la aparición y el enorme auge de las redes sociales, el móvil y su utilización para estar permanentemente conectado a la red, etc. hacen que el comerciante tenga que estar en constante actualización sobre este tipo de tecnologías de la información y comunicación, así como en sus continuos cambios y avances tecnológicos que se producen cada vez con mayor frecuencia y rapidez.

 Actividades

3. Buscar en internet la información necesaria para ayudar al gerente de este supuesto: el gerente de un comercio dedicado a la venta al por menor de electrodomésticos ha decidido dar el salto a la nuevas tecnologías y ha pensado en crear una página web de su comercio junto con una tienda virtual. Un familiar le ha aconsejado contratar a un desarrollador web y a un *comunity manager* para encargarle la página y asesorarle respectivamente, así como realizar una serie de cursos de formación en *e-commerce* y *social media.* El gerente no sabe de lo que le está hablando, por lo que le pide que le explique lo que significa cada concepto.

3.1. Blogs

Al igual que los comerciantes, el *marketing* se ha adaptado a las nuevas tecnologías de la comunicación e información, aprovechando los recursos que internet y la web ponen a disposición de sus usuarios como herramientas valiosas para dar a conocer el establecimiento comercial, promocionar los productos y/o servicios e incluso realizar operaciones de compra-venta.

Los blogs son una de esas herramientas que permiten ayudar a los pequeños establecimientos generando gran cantidad de información acerca del comercio, de la actividad que desarrolla, además de la posibilidad de poder interactuar con los clientes y de que estos participen a través de los comentarios dejados en el blog. Todos los contenidos e información que pueden ser expuestos por el establecimiento en su blog generan un valor que de ser unido a los productos y/o servicios que comercializan constituyen un elemento de diferenciación.

Dado que el blog es un sitio web con contenido, existen diferencias entre la propia web del establecimiento y el blog:

- Mientras que la web normalmente debe ser elaborada por un desarrollador o diseñador web, para el blog no es necesario tener conocimientos técnicos, ya que existen en el mercado y la red aplicaciones sencillas con las que en un pequeño número de pasos, el propio comerciante puede crear el blog de su establecimiento.
- La web es actualizada con una periodicidad inferior a la del blog.
- En términos generales, el coste de mantenimiento de un blog es inferior al mantenimiento de una web. A diferencia del blog, cuyo coste de mantenimiento puede llegar a ser nulo, la web posee un coste de mantenimiento que en algunos casos puede ser elevado.
- El diseño del blog posee la misma importancia que el diseño de la web, ya que ambas herramientas reflejan la imagen corporativa del comercio.
- En la web, normalmente, el proceso de participación o interactuación con los usuarios no es tan intenso y fluido como en el blog, ya que esta característica forma parte de su razón de existencia a través de los comentarios de los *post* (artículos o entradas).
- La web se estructura mediante áreas visuales y temáticas, mientras que en el blog la forma más usual es el orden cronológico pudiendo estructurarse mediante categorías o etiquetas.

Sabía que...

Blog proviene de las palabras Web y Log (diario). Un blog es una publicación *online* en la que aparecen historias de manera habitual presentadas de forma cronológica.

Una de las características de los blogs es su fácil creación mediante la utilización de unas aplicaciones denominadas **sistemas de gestión de contenidos o CMS** *(Content Management System)*. Estos CMS son una serie de plantillas que el usuario modifica de forma rápida y sencilla para dar el aspecto deseado al blog y así poder homogeneizarlo con la apariencia de la web del establecimiento. Algunos de los CMS más usuales para la creación de blogs son *Blogger y Wordpress*.

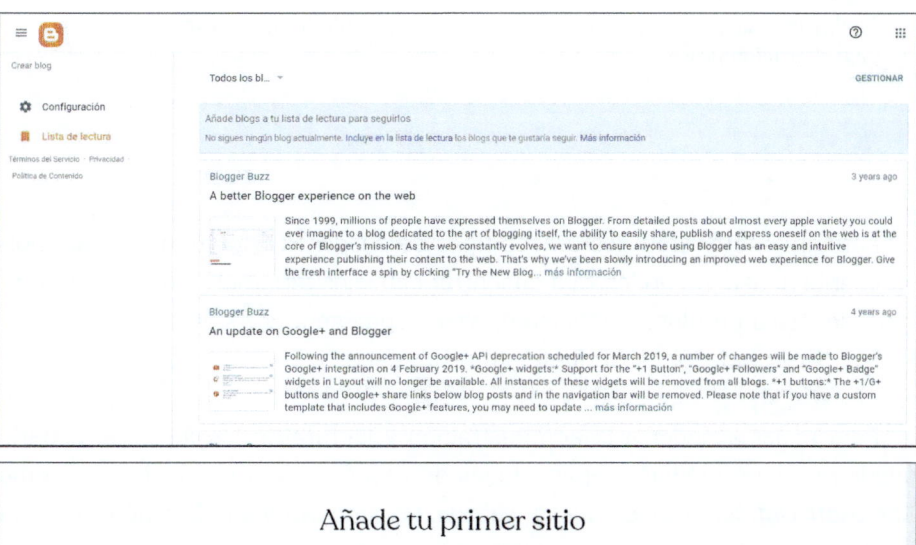

CMS usuales para la creación de blogs: Blogger y Wordpress

Otra de las características de los blogs es la posibilidad de suscripción del usuario, teniendo como objetivo principal la de conseguir una audiencia y fidelizarla. De esta manera, al suscribirse el usuario, no es necesario que tenga que acceder diariamente al blog para ver si se ha publicado algún artículo (*post* o entrada) nuevo.

La herramienta que permite esta suscripción es el denominado *feed*. El usuario se suscribe al *feed* del blog y todas y cada una de las novedades del blog son recibidas en su correo o a través de un lector de *feeds,* donde podrá administrar las suscripciones que haya realizado.

 Definición

Feed
Palabra inglesa que significa "comida" pero que en el contexto de blogs se refiere a fuente o canal de información.

Actualmente existen dos únicos tipos de *feeds:* RSS y Atom, aunque normalmente el usuario no los va a encontrar con esos términos, sino que en multitud de casos de blogs e incluso de webs aparecerá el mensaje "suscripción RSS", "suscríbete" o "suscríbete a nuestro canal".

Para poder acceder a la administración y lectura de los *feeds,* el usuario puede realizarlo mediante aplicaciones de gestión de correo electrónico como *Microsoft Outlook* o mediante la web de *Gmail* o *Hotmail*. También existe la posibilidad de tener aplicaciones específicas para *feeds* como son *Feedreader, Bloglines, Google Reader* o *Netvibes.*

 Actividades

4. Enumerar las diferencias y similitudes existentes entre web corporativa y blog corporativo.

Utilidad y estructura de un blog

Todo blog, independientemente de su temática, posee una estructura cuyos elementos son comunes en la mayoría de los casos:

- **Cabecera,** en la que podrá existir o no una barra de navegación estilo menú.
- Una **parte central** donde se encuentran los contenidos del blog formados por cada uno de los *post* y comentarios a dichos *post* que realizan los usuarios, y una barra lateral, donde se ubicarán los llamados *gadgets.* En dicha barra lateral es habitual encontrar:

  - Secciones con bloques de publicidad.
  - Las categorías y etiquetas en las que se suelen organizar los *post* para una mayor rapidez a la hora de buscar.
  - El archivo del blog donde se estructuran los *post* de forma cronológica.
  - El llamado *blogroll* o enlaces a otros blogs favoritos o visitados habitualmente por el propietario del blog.
  - *Gadgets* como contadores de visitas, suscriptores, etc.
  - La suscripción RSS, medio para suscribirse al blog.

- Pie de página o pie de blog, donde suele aparecer la información de licencia o *copyright,* información del establecimiento, contacto, etc.

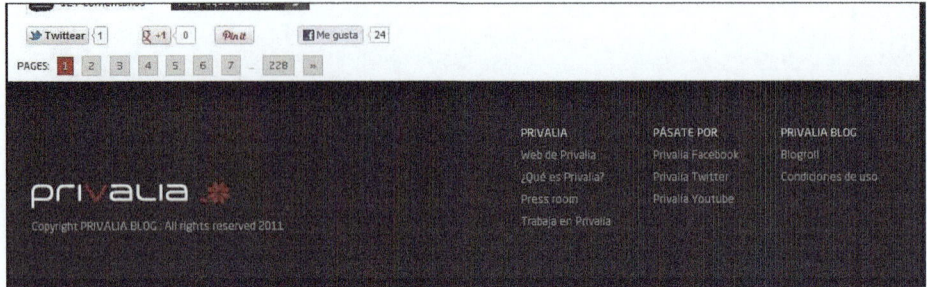

Pie de página o pie de blog donde aparece información corporativa y copyright

 **Definición**

Gadgets o **widgets** (en otros sistemas)
Son todos aquellos dispositivos que tienen un propósito y función específica, práctica y de uso cotidiano.

La utilidad del blog deberá quedar definida antes de que se proceda a su construcción. Su objetivo básico es la de servir como herramienta importante de comunicación del establecimiento comercial con los clientes potenciales, permitiendo que estos puedan interactuar con él. No obstante, existen en la actualidad otra serie de razones por las que crear un blog corporativo, como pueden ser:

- Mejorar la imagen del comercio en áreas como lo social, ambiental, comprometido con ciertos valores, etc. Es lo que se denomina demostración de la Responsabilidad Social Corporativa (RSC).
- Como medio de respuesta a los clientes ante situaciones que conlleven una aclaración del establecimiento acerca de rumores, noticias negativas, denuncias, etc.
- La promoción de nuevos productos y/o servicios mediante la publicación de artículos relacionados que, o bien describen las cualidades de los mismos, o bien los anuncian simplemente.

Ubicación del blog

Una vez que se ha decidido crear el blog del comercio, la primera pregunta que se debe resolver antes de abordar el diseño y contenidos del mismo es la ubicación que se le va a asignar, es decir, dónde se va a alojar el blog. Ante esta pregunta existen tres posibles soluciones:

- **Crear el blog en el mismo lugar que la web del comercio, es decir, como parte integrante de la web.** Esta opción es la más ventajosa para el establecimiento ya que de manera inmediata le reporta una vinculación directa con la web. Web y blog comparten la misma dirección, es decir, el mismo dominio del sitio web.

  Ejemplo: web de la empresa "Repuestos Montes S.L." www.repuestosmontessl.com, dirección del sitio blog: www.repuestosmontessl.com/blog.

- **Crear el blog en un lugar distinto de la web de manera completamente independiente de la web del establecimiento.** En este caso la web del comercio no comparte el mismo sitio que el blog, lo que provoca que la relación entre web y blog no sea tan directa como la opción de compartir el mismo lugar o alojamiento web. En este caso se ha de procurar que tanto la dirección de la web como la del blog tengan similitudes para que de este modo el usuario pueda recordar con facilidad la dirección de ambos sitios e implica que el comercio asuma los costes de ambos dominios.

  Ejemplo: la web corporativa de RENFE y su blog. Web de RENFE: www.renfe.com. Dirección del blog corporativo: blog.renfe.com.

- **Crear el blog en un sitio o alojamiento gratuito.** Al utilizar un sitio o alojamiento gratuito el comerciante se obliga a crear su blog en alguna de las plataformas de alojamiento gratuito para blogs existentes en internet. Estas pueden ser Blogger, Wordpress.com, Joomla, Tumblr o Weblog S.L. Uno de los grandes problemas de este tipo de alojamiento es que la dirección del blog comparte dominio con el de la plataforma gratuita.

  Ejemplo: repuestosmontessl.wordpress.com

- Aunque esta es una mala opción para la empresa, posee la ventaja de que es la forma más económica, rápida y sencilla de crear un blog corporativo.

Creación, escritura y mantenimiento del blog

Antes de comenzar con el diseño y creación del blog es conveniente buscar en internet blogs corporativos similares a la idea preconcebida que se tiene del blog a crear para de esta forma poder analizar las actuaciones que comercios análogos están realizando. Para ello se efectúa una búsqueda en Google o en otro tipo de buscador especializado en blogs (como *Google Blog Search, Bitacoras.com,* etc.) de los blogs existentes en el sector que corresponda.

Se deberá prestar especial atención a los primeros resultados de los buscadores, ya que son los blogs mejor posicionados en la red. A continuación se deben recabar ideas sobre:

- El contenido
- El diseño
- Su actualización, participación de los usuarios, etc. para así conocer mejor la audiencia que tienen los blogs pertenecientes al mismo sector económico.

Una vez recabadas las ideas sobre contenidos, diseño, etc. se ha de decidir la mejor ubicación para el blog, siendo una de las mejores opciones utilizar la plataforma gratuita de *Wordpress* o utilizar el mismo sitio o alojamiento que la web del comercio.

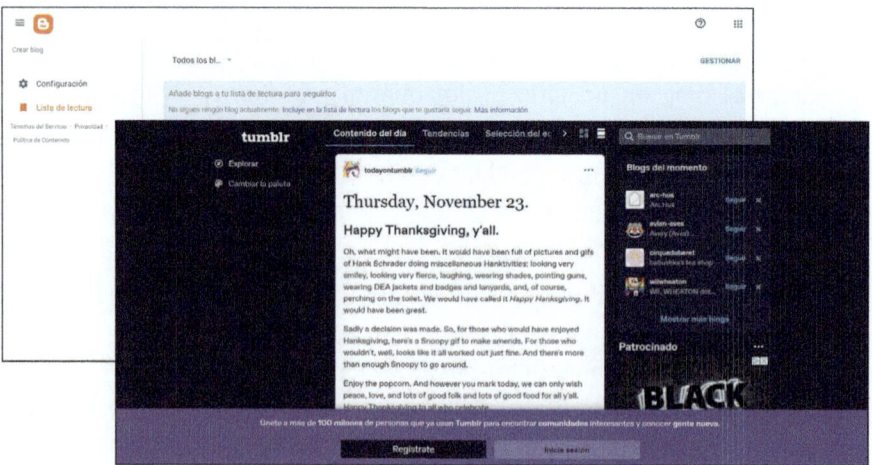

Plataformas de creación de blog más utilizadas en internet: Blogger y Tumblr

En el caso de optar por utilizar un alojamiento gratuito, se requerirá que el comercio cree una cuenta en la plataforma de blog que le servirá como cuenta de administrador para poder realizar las siguientes acciones:

- Diseño del blog (cabecera, barra lateral, *post* y comentarios, pie de página, etc.).
- Página de contacto o perfil del administrador del blog.
- *Blogroll* o lista de blogs más visitados por el administrador y que normalmente aparecen en la barra lateral.
- *Gadgets* e iconos de las redes sociales más usuales.
- Etc.

Por último, queda el paso más importante, la escritura de artículos o *post.* El comerciante o administrador del blog tiene que tener claro que no sirve cualquier contenido, sino que este ha de ser de importancia, y que obviamente, genere participación por parte de los usuarios, por ello, tanto el contenido como el lenguaje ha de ser cuidado, cercano y personal, totalmente distinto del lenguaje utilizado en la web del comercio. A modo de ejemplo, dependiendo del sector económico, tipo de establecimiento y características intrínsecas del mismo, se pueden escribir artículos sobre:

- Información relativa del uso de los productos y/o servicios del establecimiento.
- Noticias o anécdotas relacionadas con el sector al que se dedica el pequeño comercio.
- Promociones, concursos, encuestas, etc., en definitiva, cualquier tipo de acción que fomente la participación de los usuarios en el blog y por consiguiente, con el comercio.
- Imágenes, videos o archivos multimedia.

Sabía que...

Google posee una herramienta de análisis en la que el administrador puede comprobar el número de visitas al blog, la ubicación geográfica de los usuarios, direcciones de entrada al blog, post más visitados y comentados, etc. Dicha herramienta es gratuita y se llama *Google Analytics*.

Por tanto se han de publicar artículos que resulten atractivos e interesantes para los usuarios, sin olvidar que estos han de ser publicados con una cierta frecuencia debido a que los usuarios se acostumbran a dicha frecuencia, y en la mayoría de los casos, se encuentran a la espera de la nueva publicación, siendo ese el momento cuando el usuario pasa a ser un usuario fiel y muy posiblemente, un cliente fiel.

Actividades

5. Contestar a la pregunta del siguiente supuesto: es el gerente de una pequeña asesoría de reciente creación en su ciudad. Ha decidido crear un blog corporativo para mantener informados a sus clientes en materia contable, fiscal y laboral pero, ante las distintas posibilidades que tiene para crear el blog, aún no se ha decidido. Usted pretende dar una imagen de seriedad y responsabilidad a sus clientes y clientes potenciales. ¿Cuál es la ubicación que elegiría para crear el blog de entre las existentes?

Blog Search Services. Buscadores específicos

Los denominados *Blog Search Services* son motores de búsqueda específicos de blogs o *feeds* mediante los cuales el usuario puede encontrar cualquier blog existente de la temática deseada. Funcionan igual que cualquier motor de búsqueda de páginas web y algunos de los principales son:

- Technorati: www.technorati.com.
- Yahoo Search: search.yahoo.com.
- Buscador de blog de Google: blogsearch.goggle.com.
- Gnoos: gnoos.com.au.
- Ask: es.ask.com.
- Etc.

Muchos de estos motores de búsqueda presentan herramientas que muestran una visión estadística en cuanto a posicionamiento, número de visitas e incluso permite la búsqueda de blogs en las diversas redes sociales. Las herramientas por las cuales los motores de búsqueda son capaces de encontrar el blog deseado se denominan *Meta Tags*. Estas son etiquetas que van a marcar los documentos del blog e incluso la web del comercio, y que son tenidas en cuenta por los buscadores al ser palabras claves utilizadas para encontrar los blogs. La utilización correcta de estas etiquetas a la hora de diseñar y crear el blog es muy importante, ya que ello determinará la posición del blog en la lista del buscador cuando el usuario intenta acceder a él a través de uno de estos buscadores.

Dar de alta el blog en los buscadores específicos se puede realizar a través de las siguientes direcciones webs de los principales motores de búsqueda como por ejemplo:

- https://technorati.com/gdpr
- https://blogsearch.google.es/?hl=es&tab=wb
- https://www.directorio-blogs.com/
- https://www.espainfo.com/

3.2. Redes sociales

Si los blogs han supuesto una revolución en internet en cuanto a la creación y divulgación de contenido por parte de sus usuarios, las redes sociales han llevado esta característica a su máxima expresión, ya que permiten una enorme facilidad para la comunicación entre sus usuarios y el intercambio de información y contenidos.

Facebook, Instagram, X, Snapchat, TikTok, YouTube, Slideshare, etc. son redes sociales conocidas por todos y que tiene en común un funcionamiento que comienza con la creación por parte del usuario de un perfil con el que interactuar con sus amistades, empresas, etc.

El sector empresarial, y en concreto, el pequeño comercio, ha sabido aprovechar el uso de este tipo de herramientas comunicativas como una oportunidad de crear un contacto y un vínculo más fuerte con sus consumidores, clientes potenciales o clientes habituales, teniendo como gran ventaja del uso de las redes sociales la posibilidad de promocionar el comercio, los productos y/o servicios que oferta, así como encontrar nuevos nichos que hagan más grande el mercado al que se dirige. Es una manera fácil, rápida y económica de promocionar el comercio tradicional permitiendo a los usuarios interactuar al máximo con el comerciante.

Por el contrario, supone un gran desafío para el establecimiento el poder gestionar todas y cada una de las posibles conversaciones que se puedan producir en las redes sociales y que afecten directamente al comercio. Es importante poder crear de esas conversaciones un valor añadido y generar un vínculo de fidelidad hacia el establecimiento comercial. Esto es lo que se conoce como **engagement.**

Las distintas redes sociales existentes en internet se pueden clasificar en tres grandes grupos: generalistas, especiales de contenido multimedia y profesionales.

De las redes sociales clasificadas como **generalistas** destacan:

- **Facebook:** quizás la más conocida y la que más usuarios tiene. En esta red las empresas pueden crear un tipo de perfil denominado "páginas de empresa". Los usuarios pueden hacerse amigos de esta página y convertirse en *fans*. No todo el mundo es *amigo* de todos pero sí puede ser *fan* de una misma empresa.
- **X:** segunda red social por número de usuarios. Estos son denominados *followers* o seguidores.
- **Google +:** es la red social de *Google.*
- **Hi5:** red social principalmente mayoritaria en Latinoamérica.

- **MySpace:** posee un seguimiento muy importante en Estados Unidos.
- **Instagram:** es una de las redes sociales más usadas en la actualidad. Es una aplicación de intercambio de imágenes y ha supuesto un nuevo escenario publicitario para las empresas, estableciendo colaboraciones con *influencers* para que muestren sus productos.

Todas las redes sociales permiten compartir **contenidos multimedia** como vídeos, presentaciones, imágenes, etc. pero existe un grupo de redes sociales especializadas en compartir contenidos de este tipo como son:

- **Youtube:** basada en compartir videos de cualquier temática y donde las empresas o el pequeño comercio pueden crear un canal propio donde compartir sus videos para promocionar sus establecimientos, productos y/o servicios, e incluso, realizar demostraciones o tutoriales de uso de **los mismos.**
- **Flickr:** es la red social donde se comparten fotografías.
- **Slideshare:** para compartir presentaciones.
- **Scribd:** red social utilizada para compartir documentos.

En última instancia aparecen una serie de redes sociales donde lo que se intenta fomentar es lo que se denomina *networking* o red de trabajo. Son redes más **profesionales y sectoriales** donde los perfiles de los usuarios responden a dos grupos:

- **Particulares:** perfiles profesionales utilizados para la búsqueda de empleo.
- **Empresas:** perfiles donde se busca ofertar los productos y/o servicios o reclutar profesionales para determinado puesto vacante.

Algunas de estas redes sociales clasificadas como profesionales son:

- **LinkedIn:** red social orientada a los negocios y a la búsqueda de empleo.
- **Xing:** red social de contactos profesionales y búsqueda de empleo.
- **Viadeo:** red social de contactos profesionales que posibilita la difusión del perfil profesional y con ello facilita la búsqueda de empleo.
- Etc.

Como la característica común en todas y cada una de las redes sociales existentes en internet consiste en el intercambio de determinados contenidos e información (ya sea información personal, fotografías, videos, geolocalización, etc.), es muy importante que los usuarios tengan en cuenta las políticas de condiciones de uso y de privacidad de estas herramientas de comunicación.

Importante

El usuario (en este caso el comerciante) tiene que tener en cuenta qué información va a compartir y cuál no, ya que los llamados "ciberdelincuentes" tienen como objetivo apropiarse de determinada información, siendo capaces de robar la identidad del usuario en la red social. Hay que controlar la lista de seguidores, contactos o fans, ya que estos van a ser capaces de ver la información de carácter personal o no, que el comerciante haya decidido publicar en la red.

Es muy necesario leer las políticas de privacidad y de uso de los servicios que la red social ofrece a sus usuarios, ya que algunas redes sociales deciden incluir información sobre los gustos, aficiones o preferencias del usuario, pudiendo provocar un aluvión de mensajes publicitarios no deseados. Así mismo, es muy recomendable que en las condiciones de empleo y privacidad se detecte si la red social puede utilizar el material publicado por el usuario sin su consentimiento expreso, ya que eso supondría que contenidos como fotografías o videos sean utilizados por la compañía propietaria de la red social para su utilización sin el consentimiento expreso del usuario, pudiendo dar lugar a un mal o inadecuado empleo de dichos contenidos.

Actividades

6. Indicar en cuál de las diferentes redes sociales crearía el perfil de una asesoría.

3.3. Telefonía móvil

El uso generalizado de los teléfonos inteligentes *(smartphone, Iphone,* etc), los *smartwatch,* las *tablets…*, junto con las distintas aplicaciones que se pueden utilizar en ellos, como la banca digital, Bizum, etc. han ido cambiando la manera clásica de acceder al comercio tradicional y obtener información sobre el establecimiento y sobre los productos y/o servicios que oferta. El uso de la **geolocalización,** o lo que se denomina estrategias de *geomarketing* del pequeño comercio, es una herramienta fundamental que ofrece las siguientes ventajas:

- **Publicidad.** Publicitar el establecimiento y promocionar los productos y/o servicios que ofrece.
- **Información bidireccional.** En la que el usuario obtiene la información del comercio y este a su vez, mediante el perfil del usuario, tiene la posibilidad de enviar información sobre los productos y/o servicios atendiendo a sus necesidades y preferencias.
- **La creación de plataformas locales o creación de asociaciones de comerciantes tradicionales.** Mediante el uso de este tipo de herramientas los usuarios pueden obtener de un solo vistazo los distintos establecimientos comerciales y comercios tradicionales en el área geográfica de su ubicación, así como los diferentes productos y/o servicios que promocionan y ofertan, creando un amplio abanico de oportunidades para el cliente.

 Nota

Las APP son aplicaciones o programas que se instalan en los dispositivos móviles para realizar las funciones para las que han sido diseñadas. En la actualidad su auge es impresionante, existiendo APP para casi todo (juegos, calculadoras, estaciones meteorológicas, etc.). Actualmente, las tiendas más grandes de aplicaciones son APP Store de Apple que tiene en su catálogo más de 1.8 millones de aplicaciones y Google Play con aproximadamente 2.7 millones de aplicaciones.

Otra de las opciones que permiten estos dispositivos inteligentes es la adquisición o compra de los productos y/o servicios. Según un estudio de la IAB Spain *(Internet Advertising Bureau),* en 2019, el 71 % de la población española de entre 16 y 65 años realiza las compras a través de internet, por lo que el pequeño comerciante no puede desaprovechar la oportunidad que ofrecen estos dispositivos de promocionar el comercio, los productos y servicios que comercializa y ampliar el mercado al que tradicionalmente se ha dirigido.

Los teléfonos inteligentes han revolucionado la forma de comunicarse, de trabajar y de hacer comercio.

Para ello, el comerciante ha de tener en cuenta una serie de **pautas de actuación** si quiere aprovecharse de este nuevo canal de promoción y ventas:

- Simplicidad al máximo de la web o blog corporativo para su uso en dispositivos móviles.
- Volcar solo la información más relevante en cada momento para el usuario.
- Definir una serie de pasos de compra, ya que ello facilita al cliente su estancia en la tienda virtual, sabiendo este en todo momento en el paso en el que se encuentra y los que restan para finalizar su compra.
- Establecer un tamaño adecuado en relación a la interfaz de venta para los distintos dispositivos móviles.
- Durante el proceso de compra, introducir el teléfono del establecimiento o de contacto para que en caso de necesidad por parte del cliente no se encuentre solo y pueda resolver sus dudas o problemas en el momento, evitando que la venta se interrumpa no llegando a realizarse.

 Aplicación práctica

Manuel D. M., abogado de profesión, ha decidido crear una web y un blog corporativo de su despacho jurídico para estar presente en las redes sociales con el objetivo de afianzar a su pequeña clientela y crearse una imagen de seriedad y profesionalidad de cara a sus futuros clientes. Posee ciertos conocimientos de informática y para ahorrar costes ha diseñado la página a través de un portal de creación de webs gratuito (1&1), el blog lo ha realizado en la plataforma Blogger y ha creado perfiles de su despacho en Facebook, LinkedIn y Xing. ¿Cree que las acciones realizadas van a darle como fruto la fidelización de sus clientes y la imagen y reputación que desea de su despacho? Responda razonadamente.

SOLUCIÓN

El hecho de que haya realizado él todo el trabajo de desarrollador web, creación del blog y alta en las redes sociales no tiene por qué ser una mala decisión. El error cometido por Manuel D. M. es que una imagen de profesionalidad y seriedad no la reporta la creación de una web corporativa en una plataforma gratuita, ya que deberá compartir sitio y dirección web con la del servidor de estos servicios. Lo mismo ocurre con la ubicación del blog, ya que tendrá que utilizar la misma dirección de la plataforma blogger. Lo ideal hubiese sido la contratación de un dominio y alojamiento específico para el despacho jurídico, tanto para la web como para el blog corporativo. En cuanto al diseño es muy posible que este responda a las necesidades del Manuel, a pesar de ello, estas plataformas gratuitas siempre se encuentran muy limitadas en cuanto a plantillas y herramientas de creación y diseño.

En relación a los perfiles de las redes sociales sería conveniente que solo estuviese en las redes sociales profesionales como LinkedIn y Xing, ya que Facebook es una red social generalista aunque permita la posibilidad de crear perfiles para empresas.

3.4. *Marketing* viral aplicado al pequeño comercio

Aún es posible encontrar a más de un comerciante tradicional que se inquieta o piensa que no va con su establecimiento cuando se le habla de *marketing,* ya que normalmente considera que la mejor forma de actuar es como lo ha hecho hasta el momento, como lo ha hecho toda la vida. Pero cuando a la palabra *marketing* se le añade el adjetivo viral, el asunto se magnifica aún más, ya que piensa que algo que tiene ese "apellido", no puede ser nada bueno.

? Sabía que...

La idea de *marketing* viral proviene de la teoría de que si un usuario es sensible a cierta información se "infectará" y comunicará a otros usuarios dicha información "infectándolos", y así sucesivamente. Es el conocido "boca a boca". Fue en 1994 donde se acuñó por primera vez el término *marketing* viral en el libro "Media Virus" de Douglas Rushkoff.

El auge de las nuevas formas de comunicación basadas en las nuevas tecnologías ha hecho que disciplinas como el *marketing* se adapten y creen nuevas estrategias. Este el caso del llamado *marketing* viral, el cual consiste en transmitir a la población un mensaje comercial para que rápidamente sea transmitido a otros individuos de manera que se consiga crear un crecimiento exponencial del mensaje de forma muy veloz. Es un tipo de publicidad que se propaga por sí misma. Es una manera de publicitar un producto y/o servicio a muy bajo coste y por ello es una estrategia muy válida que puede ser utilizada por el pequeño comercio.

El marketing viral que utilizan como herramienta fundamental las nuevas redes sociales es lo que tradicionalmente se ha conocido como el "boca a boca".

Lo importante es que la idea que se quiere transmitir llegue a ser contagiosa, para ello se han de tener en cuenta las siguientes **consideraciones:**

- Se ha de pensar muy bien cuál va a ser el grupo de población origen en el que se va a influir, ya que serán ellos los que difundan en primer lugar el mensaje y de su eficacia en la difusión dependerá el tamaño del siguiente grupo de población.
- La información a transmitir ha de ser nueva, ha de generar un gran interés y deberá ser fácil de entender y de recordar, ya que de ello depende que sea trasmitida o no.
- En la información a transmitir se ha de procurar la existencia de pequeños vacíos de información, ya que ello va a provocar la creación de rumores que harán que la información se disperse con mayor velocidad y la población complete dichos vacíos con la imaginación.

Los canales o medios de comunicación que se pueden utilizar para el *marketing* viral pueden ser tanto los tradicionales, como los basados en las Tecnologías de la Información y Comunicación (TIC), pero son estos últimos los que han tomado un mayor protagonismo a la hora de realizar este tipo de campañas publicitarias, las cuales se pueden aplicar sobre una sola red social o realizar acciones complementarias en diversas redes. Es muy importante que estas actuaciones se cimenten sobre las redes sociales más utilizadas por el pequeño comercio para después utilizar aquellas cuyos recursos sean más efectivos para el objetivo que se pretende conseguir.

 Actividades

7. Indicar cuáles son los medios más usados por las empresas y comercios para la realización del *marketing* viral. Exponer un ejemplo de campaña viral de cada uno de ellos.

4. Medidas de eficiencia energética en el pequeño comercio

La dependencia de la energía fósil, cumbres medioambientales como la de Kioto (Japón) en 1997, cambio climático, energías limpias, etc. son términos y expresiones a las que, en algunos casos, se está lamentablemente acostumbrado debido a que cada vez con más frecuencia se observan y se padecen.

Es un hecho contrastado la cantidad ingente de energía que los sectores económicos consumen diariamente, y en muchos casos, de una manera no responsable. Entre estos sectores económicos se encuentra el sector servicios y dentro de este, el pequeño comercio. Actualmente es muy importante afianzar y aumentar la competitividad de la industria y el comercio reduciendo a la vez las emisiones contaminantes y disminuyendo el coste de la factura energética, en especial, de aquellos recursos que España solo puede obtener mediante las importaciones, como son los combustibles de origen fósil, como el gas y el petróleo.

El comercio, que se encuentra formado por un gran número de individuos, y por tanto, el ahorro en energía puede llegar a ser significativo, se ha de concienciar de que la energía es un bien escaso y que determinadas conductas y hábitos pueden llegar a obtener un consumo de la energía más racional y eficiente. En concreto, la Comisión Europea estima que el ahorro en el comercio puede llegar a suponer el 30 % sobre el consumo total, dando lugar a un ahorro en coste que sin lugar a dudas redundará en una mayor competitividad del sector y a la consolidación de un modelo económico sostenible.

4.1. Energías renovables

La energía como bien escaso y elemento esencial del desarrollo económico y social ha de satisfacer las necesidades presentes procurando que las generaciones futuras puedan satisfacer sus necesidades energéticas. Para ello se ha de tener claro que el desarrollo sostenible es determinante según el tipo de energía que se está consumiendo. Existen dos tipos de energía en función de sus fuentes:

- Energías no renovables
- Energías renovables

Las **energías no renovables** son aquellas que se obtiene de fuentes energéticas que se van agotando con el tiempo y no pueden regenerarse o reemplazarse. Estas energías son las energías fósiles y la energía nuclear.

- Las energías fósiles: son aquellas que se obtienen de fuentes fósiles y para su generación, la tierra ha tardado miles de años. El carbón, petróleo, gas natural, etc. son energías no renovables que emiten CO_2 (dióxido de carbono) y contribuyen al calentamiento global y al cambio climático.
- La energía nuclear: energía obtenida mediante la fisión de materiales radioactivos como el uranio y el plutonio. No emiten CO_2 pero producen unos residuos que son radioactivos y que en algunos casos tardan miles de años en perder su radioactividad y su peligro para el medioambiente.

Definición

La huella de carbono
Es la cuantificación de las emisiones de gases de efecto invernadero liberadas a la atmósfera debidas a las actividades de producción y comercialización de los productos y/o servicios. La huella ecológica es la representación del área de la tierra o agua necesaria para producir los recursos necesarios que demandan las empresas o personas.

Las **energías renovables** son aquellas obtenidas por fuentes naturales e inagotables. Son en principio más limpias, no emiten CO_2 y por tanto contaminan menos. Los tipos de energías renovables son:

- Energía hidroeléctrica: es aquella generada por la fuerza del agua al precipitarse a gran altura sobre una turbina que genera electricidad. No contamina, pues las emisiones son cero, pero para su obtención es necesario un gran impacto medioambiental debido a la construcción de grandes presas e infraestructuras hidráulicas.

- Energía eólica: es la energía obtenida por la fuerza del viento al girar las aspas de grandes molinos. No emite emisiones contaminantes, pero su impacto medioambiental es grande debido a la necesidad de grandes infraestructuras.
- Energía solar fotovoltaica: es la energía de la luz solar captada por placas fotovoltaicas que transforman dicha energía en eléctrica.
- Energía solar térmica: es la energía calorífica del sol que es recogida por grandes colectores solares que la transforman en energía térmica con la que obtener energía eléctrica.
- Energía geotérmica: energía que utiliza para generar electricidad el calor procedente del interior de la tierra.
- Biomasa: energía obtenida de elementos biodegradables procedentes de la agricultura, silvicultura, etc. Emite emisiones de CO_2 que son integradas en el ciclo natural de la vida con lo que su resultado sobre la contaminación es cero.
- Biolíquidos: es la energía obtenida por los combustibles líquidos derivados de la biomasa.
- Biogás: energía que se obtiene por la combustión de los gases producidos por la biomasa. Sus emisiones de CO_2 son similares a la biomasa.
- Energía mareomotriz, undimotriz, etc.: energía que se obtiene por las mareas, olas u otros procedimientos utilizando la fuerza del mar.

 Actividades

8. Elaborar una lista en la que se encuentre ubicada en el primer lugar la energía más contaminante o que genere un mayor impacto medioambiental, y en último lugar, la energía menos contaminante y que produzca el menor impacto medioambiental.

4.2. Iluminación

La iluminación del pequeño comercio representa la mayor parte del consumo energético del establecimiento por delante de la climatización, de los equipos de frío industrial y otros consumos. Representa una clarísima utilidad comercial, ya que desde la iluminación del escaparate hasta los productos expuestos, su finalidad es la de atraer la atención del cliente. Más iluminación no significa en la mayoría de los casos una mayor atención de los clientes, pero sí aumenta significativamente la temperatura interior del establecimiento.

Existen dos tipos de fuentes de luz:

- **Fuentes naturales:** como son la luz del sol, las estrellas, etc.
- **Fuentes artificiales:** como son aquellas generadas por alguna fuente de energía como la electricidad, el gas, el petróleo, etc. Toda la iluminación del establecimiento comercial se basa prácticamente en la luz artificial y poco o nada en luz natural (sol).

 Recuerde

Cuanto mayor sea el número de puntos de luz, mayor es la temperatura interior del comercio y mayor el consumo energético en climatización para tener una temperatura idónea en el establecimiento comercial.

Se entiende como "lámpara" aquel elemento generador de fuente de luz artificial. En el mercado existen distintos tipos de lámparas, cada una con sus ventajas e inconvenientes:

- Lámparas de incandescencia:

> ∎ Lámparas incandescentes tradicionales. Producen luz por el calentamiento de un filamento de tungsteno/wolframio. Su retirada total de la venta fue en el año 2012.
>
> ∎ Lámparas alógenas. Producen luz por incandescencia de un gas en su interior (gas halógeno).

■ Lámparas de descarga:

> ∎ Lámparas fluorescentes. Producen luz mediante descargas eléctricas en un gas que se encuentra en el interior de un tubo de vidrio.
>
> ∎ Lámparas de bajo consumo o lámpara fluorescente compacta (LFC). Es un tipo de fluorescente pequeño de bajo consumo.

■ Otros tipos de lámparas:

> ∎ Lámparas con diodo emisor de luz (LED). Producen luz por el efecto fotoeléctrico de ciertos materiales cuando reciben electricidad.
>
> ∎ Lámparas de sodio. Producen luz mediante el vapor de sodio.
>
> ∎ Lámparas de halogenuros metálicos. Producen luz mediante vapor de mercurio de alta presión incorporando halogenuros.

RELACIÓN DEL TIPO DE LÁMPARA CON SUS CARACTERÍSTICAS MÁS IMPORTANTES

	Lámpara incandescente	Lámpara halógena	Lámpara fluorescente	Lámpara fluorescente compacta	Lámpara con diodo emisor de luz (LED)
Coste de adquisición	Bajo	Medio-bajo	Bajo	Medio-alto	Alto
Consumo energético	Alto	Medio	Bajo	Bajo	Muy bajo
Emisión de calor	Alta	Alta	Baja	Baja	Baja
Vida útil	Corta 1.000 horas	Corta 2.000 horas	Larga 10.000-12.000 horas	Larga 6.000-9.000 horas	Muy larga 50.000-100.000 horas
Tiempo de encendido	Instantáneo	Instantáneo	Retardado	Retardado	Instantáneo

La iluminación del establecimiento es muy importante ya que atrae la atención del cliente, forma parte de la decoración y crea el ambiente y confort del comercio. La iluminación debe de adaptarse a las necesidades y dimensiones del local teniendo en cuenta que, en la zona de ventas, toda la iluminación debe estar enfocada a destacar los productos en exposición, mientras que la iluminación de los almacenes deberá ser más práctica y funcional, es decir, la idónea para realizar las funciones propias del almacén.

El pequeño comercio deberá tener en cuenta una serie de aspectos en relación a la iluminación como son:

- Las zonas a iluminar serán la zona de ventas, almacén, escaparate y rótulos.
- La imagen que se desea transmitir al cliente y su confort visual.
- El consumo energético del establecimiento en su conjunto.
- La temperatura del color, la cual puede alterar el color de los productos o el plano de iluminación de los mismos o el estado psicológico de los clientes.
- Determinar la potencia de electricidad a contratar por el comerciante debiendo ser la adecuada a las instalaciones de que dispone.

Según un estudio realizado por la Confederació de Comerç de Catalunya, los tipos de lámparas más usados por el pequeño comercio en relación a los sectores comerciales y las zonas de establecimiento son:

	Alimentación	Equipamiento personal	Equipamiento del hogar	Cultura y ocio
Fluorescentes	55 %	25 %	50 %	46 %
Halógenos	20 %	51 %	30 %	27 %
Bajo consumo	22 %	18 %	14 %	22 %
Incandescentes	3 %	6 %	6 %	5 %

	Ventas	Almacén	Escaparate	Rótulo
Fluorescentes	38 %	77 %	20 %	28 %
Halógenos	35 %	8 %	64 %	70 %
Bajo consumo	22 %	9 %	9 %	1 %
Incandescentes	5 %	6 %	7 %	1 %

Los datos muestran que fluorescentes y halógenos son los tipos de lámparas más utilizados por el pequeño comercio independientemente del sector comercial y de la zona del establecimiento. A pesar de que la elección del tipo de lámpara es la adecuada dado su consumo, potencia de iluminación y durabilidad, el pequeño comerciante debe tener en cuenta las siguientes recomendaciones:

- Deberá prestar especial atención a la disposición de la iluminación del local teniendo siempre presente que la luz natural es gratuita.
- Buscará la etiqueta de eficiencia energética de la lámpara, la cual le indicará al comerciante el grado de eficiencia de la misma, siendo "A" el máximo de eficiencia.

Cuadro de clasificación de eficiencia energética y etiqueta
energética de una lámpara clase "A" (máxima eficiencia)

Clasificación energética	Consumo energético	Calificación
A	< 55 %	Bajo consumo de energía
B	55-75 %	
C	75-90 %	
D	90-100 %	Consumo de energía medio
E	100-110 %	
F	110-125 %	Alto consumo de energía
G	> 125 %	

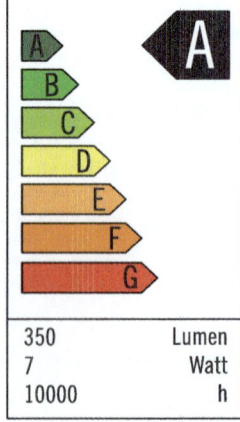

■ Procurará no tener en un mismo interruptor un número demasiado elevado de lámparas, ya que en ocasiones tendrá encendidas algunas que no son necesarias.

■ Deberá instalar sistemas de control y regulación para la eficiencia energética como reguladores de intensidad de luz, temporizadores, sensores de luminidad, etc.

■ Limpiará periódicamente las lámparas ya que mantendrán su eficiencia lumínica.

 Actividades

9. Indicar el tipo de lámpara que utilizaría para la iluminación de un establecimiento teniendo en cuenta que desea ahorrar al máximo en el consumo energético. El comercio tiene 70 m^2, se dedica a la venta de tejidos y se compone de un escaparate, rótulo y sala de ventas.

4.3. Aire acondicionado

El aire acondicionado, la calefacción y la ventilación del local colaboran junto con la iluminación en la creación de un ambiente de confort para los clientes, además de ser también elementos del establecimiento que generan un elevado consumo de energía.

El comerciante deberá adaptar su sistema de climatización a las condiciones climáticas, geográficas y estructurales del local y/o edificio en el que se encuentra su establecimiento comercial, para de esa forma, poder realizar un consumo eficiente de la energía.

En el mercado existen distintos tipos de acondicionamiento térmico para los establecimientos comerciales:

- De calefacción mediante caldera o bomba de calor.
- De aire acondicionado mediante un sistema de refrigeración o bomba de calor modo frío o un sistema de climatización reversible (frío-calor). Es en este grupo donde los aparatos de tecnología inverter son los más eficientes en cuanto a prestaciones técnicas y de consumo energético. Como desventaja se encuentra su elevado coste, pero que, a medio y largo plazo, es compensado con el ahorro en la factura de energía eléctrica.

Si el establecimiento se encuentra en una zona climatológica seca, siempre será más recomendable adquirir aire acondicionado con humidificador, no obstante, siempre se deberán analizar aspectos como las dimensiones del local, la iluminación interior y la del exterior, la potencia, consumo, eficiencia y ruido del aparato, así como las ventajas e inconvenientes de los diferentes modelos de aparato existentes en el mercado.

Se deberán evitar los cambios bruscos de temperatura entre el exterior y el interior del establecimiento, ya que ello puede provocar una mala sensación y falta de confort en el cliente. Dicha diferencia nunca podrá ser superior a 10 °C, regulando siempre el termostato del aparato en 20 °C en invierno, y a 25 °C en verano. El aumento en un grado tanto en verano como en invierno puede suponer un importante incremento del consumo energético (en torno a un 8 %).

El aislamiento del establecimiento es fundamental, ya que ahorra entre un 25-30 % de las necesidades de calor y reduce significativamente las emisiones de CO_2 (dióxido de carbono). Por ello es importante que los acristalamientos de ventanas sean dobles o de más capas, poseer un falso techo aislante (que ahorra un 15 % de la energía), e instalar la cortina de aire en la entrada del establecimiento para impedir la pérdida de energía.

 Importante

El mal aislamiento del establecimiento provoca importantes pérdidas de aire, lo que conlleva a un consumo elevado e innecesario de energía.

El comerciante también puede aprovecharse de la utilización de energías gratuitas para la climatización de su establecimiento. Dichas energías son:

- El *free cooling* o aprovechamiento del aire exterior mediante una renovación del aire de forma automática cuando las condiciones del aire exterior son más idóneas que la del interior.
- El enfriamiento evaporativo, basado en el fenómeno natural de la evaporación que enfría sensiblemente el aire.

Otro aspecto importante a tener en cuenta por el pequeño comerciante, en este caso si pertenece al sector de la alimentación, son los equipos de frío industrial. Se trata de los aparatos de conservación de los alimentos como vitrinas, congeladores, cámaras, arcones, etc. El impacto del consumo energético de estos aparatos en el establecimiento es muy grande (alrededor de un 65 % del total de la factura energética) debido fundamentalmente a que se encuentran funcionando las 24 horas del día y 365 días al año para evitar romper la cadena de frío de los alimentos. Por tanto, todas aquellas medidas que el comerciante adopte para optimizar el funcionamiento de estos tipos de aparatos serán bienvenidas para el medioambiente y para la rentabilidad del pequeño comercio.

4.4. Termostatos y relojes programadores

Los **relojes programadores y termostatos** son aparatos electrónicos o mecánicos que mediante su instalación contribuyen al ahorro en el consumo de energía para sistemas de iluminación o climatización del pequeño comercio.

En concreto, para la climatización se pueden encontrar termostatos y relojes programadores que regularán la temperatura del local y la hora de encendido y apagado de los aparatos de acondicionamiento térmico. Estos aparatos deberán de ajustarse constantemente, teniendo en cuenta la estación del año en la que se encuentren para, de ese modo, reducir o aumentar la temperatura. Los termostatos deberán situarse lejos de fuentes de calor o frío para que la lectura de la temperatura sea la correcta y los aparatos no funcionen más tiempo del necesario.

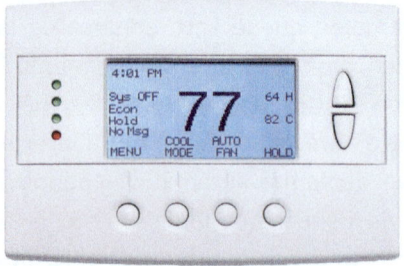

Termostato tipo que controla la temperatura del establecimiento comercial

Para los sistemas de iluminación existen multitud de equipos de regulación y temporización: dispositivos que analizan la intensidad lumínica del exterior que entra en el establecimiento, haciendo que se regule la luz artificial y ayudando en el ahorro de la factura de la electricidad, detectores de presencia, que ayudan a que los puntos de luz no se encuentren constantemente encendidos cuando no hay nadie transitando por la zona iluminada (en concreto, estos detectores se pueden programar para que pasado un determinado tiempo se desconecte la iluminación) y temporizadores de apagado y encendido para uso en los escaparates, rótulos y cartelería (son muy eficientes, ya que en horario de madrugada no es necesaria la iluminación en estas zonas o elementos del establecimiento).

Reloj programador tipo de encendido y apagado de la iluminación del establecimiento comercial

4.5. Equipos eléctricos

Aparte del consumo que supone para el pequeño comercio los sistemas de iluminación y climatización, existen multitud de equipos electrónicos que se encuentran instalados en el establecimiento y que en la mayoría de los casos se obvia su consumo porque presentan un porcentaje muy pequeño del total de la factura de la electricidad. Entre estos aparatos se encuentran los sistemas de cobro y facturación, equipos informáticos, hilo musical, herramientas, etc.

Terminales Punto de Venta (TPV) y básculas son algunos de los equipos electrónicos que se han de procurar apagar al final de la jornada de trabajo para evitar el llamado "consumo fantasma"

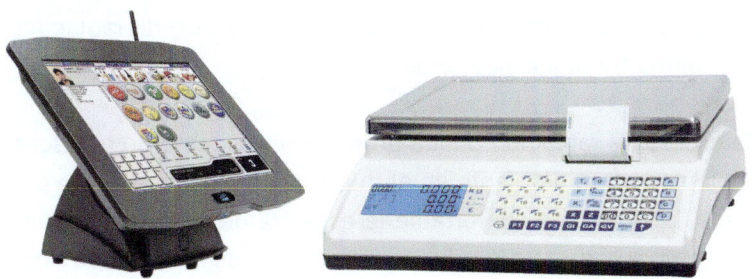

Todos estos aparatos, simplemente por estar enchufados a la red eléctrica, se encuentran consumiendo energía en estado *standby*. Es un consumo de energía muy pequeño (consumo fantasma), entre 0 y 3 W pudiendo alcanzar hasta 15 W, pero que a largo plazo supone un porcentaje muy a tener en cuenta. Por todo ello es muy importante que el comerciante desconecte de la red estos equipos en el caso de que ellos mismos no dispongan de un sistema de apagado. También es muy aconsejable que los equipos informáticos se desconecten de la red durante la noche y en los fines de semana, ya que el consumo energético puede llegar a reducirse hasta un 75 %.

 Actividades

10. Indicar qué pautas o conductas implantaría para reducir al mínimo la factura eléctrica en un pequeño comercio dedicado a la venta de productos frescos y congelados (pescadería) que posee dos arcones, una cámara frigorífica, dos básculas y un ordenador.

4.6. Protecciones solares (toldos, cortinas u otros)

La luz solar es una fuente de energía limpia y barata que proporciona al comercio la iluminación y confortabilidad necesaria contribuyendo al ahorro económico en la factura energética.

Pero no solo existen ventajas, dependiendo de la situación geográfica del establecimiento y/o de la estación del año, el comerciante se ve obligado a proteger su establecimiento y a sus clientes del exceso de radiación solar que recibe en forma lumínica y calorífica.

Este exceso de radiación puede provocar un incremento o descenso acusado de la temperatura ambiente en el interior del establecimiento o en terrazas y/o anexos, haciendo no confortable la estancia de los clientes durante el periodo de compra o prestación del servicio, e incluso, pudiendo llegar a dañar los productos en venta.

Existen multitud de elementos que protegen de la radiación solar que deberán ser elegidos en función de la actividad de venta que realiza el pequeño comercio.

Toldos exteriores en el escaparate, cortinas, stores, etc. son los elementos más comunes que se pueden observar en el pequeño comercio, no obstante, y dependiendo de lo que el comerciante quiera proteger de la radicación solar, existirán:

- **Para el escaparate:** láminas protectoras solares protegiendo los productos expuesto de los rayos UV (rayos ultravioleta).

Láminas de protección solar para escaparates en forma de persiana enrollable

■ **Para zonas exteriores como terrazas, comedores, etc.:** toldos y carpas de diferentes diseños, materiales y tecnologías. Pérgolas y cerramientos acristalados o material sintético.

Modelo de pérgola de protección solar para los clientes de un restaurante

Evidentemente, el comerciante debe identificar cuáles son los puntos a proteger de la radiación solar, qué elementos va a utilizar para ello y cuál es el coste de dichos elementos, ya que sin lugar a dudas va a suponer una fuerte inversión.

4.7. Zonificación del pequeño comercio

La imagen del comercio es importantísima y muy a tener en cuenta por el comerciante, ya que es la primera impresión que recibe el cliente. Una mala impresión inicial va a predisponer al cliente para realizar o no la compra.

En la imagen que el comerciante va implantar en su establecimiento influyen aspectos como la situación geográfica del comercio, zona de la ciudad donde se ubica, establecimientos aledaños, atributos físicos de la tienda, publicidad, etc. En concreto, y en relación a los exteriores del establecimiento comercial, se deberán de tener en cuenta aspectos como:

- **La fachada:** la cual será adaptada y personalizada al estilo y características de los clientes potenciales.
- **Los rótulos:** serán llamativos y acordes con la estética de la fachada y del establecimiento.
- **Las entradas:** deberán ser las necesarias y confortables para los clientes, evitando a la vez la facilidad de hurtos.

Una mención aparte requiere el escaparate, el cual deberá de invitar a los clientes a entrar en el establecimiento, siendo lo suficientemente atractivo, bien iluminado y renovado periódicamente, sobre todo en épocas especiales como Navidades. Se ha de tener en cuenta la zonificación del mismo, ya que no todo el escaparate es igualmente visible para el cliente, existiendo zonas frías y calientes, siendo estas últimas donde mayor probabilidad hay de que un producto sea vendido. Por tanto se han de aprovechar las zonas calientes del escaparate para las ofertas, productos nuevos o a liquidar por el comerciante.

Zonificación del escaparate en el que se muestran las zonas frías, templadas y calientes			
Disposición horizontal del escaparate	Disposición vertical del escaparate		
Zona fría	Zona templada	Zona caliente	Zona fría
Zona caliente			
Zona templada			

Si la zona exterior del establecimiento requiere una especial atención, no menos es la zona interior y la decoración del comercio. Aspectos a tener en cuenta son:

- **La visibilidad:** se ha de intentar que el cliente al entrar tenga la sensación o la percepción de que desde la entrada es posible ver todos y cada uno de los espacios que conforman el comercio. Ayuda una buena iluminación, la cual permite dar sensación de confianza, alegría y una mejor exposición de todos los artículos del establecimiento comercial.
- **La amplitud:** intentar que independientemente del espacio del que dispone el establecimiento se dispongan los elementos de tal forma que dé la sensación de máxima amplitud.
- **La luz:** ha de ser utilizada sabiamente por el comerciante para conseguir tres objetivos básicos:

  - Iluminar
  - Decorar
  - Vender

- **El color:** se han de elegir colores suaves para no provocar en los clientes sensaciones incómodas.
- **La decoración:** ha de ser acorde con el estilo y productos que se comercializan en el establecimiento.

El mobiliario elegido para el comercio deberá estar en línea con el interior del establecimiento, aprovechando al máximo la superficie del local y dispuesto del tal forma que permita un adecuado tránsito de los clientes por el comercio. No hay que olvidar que el mobiliario cumple una función primordial en el proceso de venta, ya que en muchos casos ayuda a que los productos se vendan en menor o mayor medida.

Actividades

11. Explicar si todo el espacio en un escaparate tiene la misma capacidad de percepción para el cliente. Considerar si en caso de poseer el escaparate mobiliario o decoración propia afectaría a la exposición de los artículos.

Existen distintas formas de disponer el mobiliario teniendo el comerciante que elegir la más adecuada para su comercio, estilo, productos y/o servicios que vende, tipo de clientela, etc.:

■ **Disposición libre.** No es fácil de modificar y puede producir en los clientes la sensación de encontrarse en otro comercio distinto dependiendo de la zona del establecimiento.

Disposición libre del mobiliario

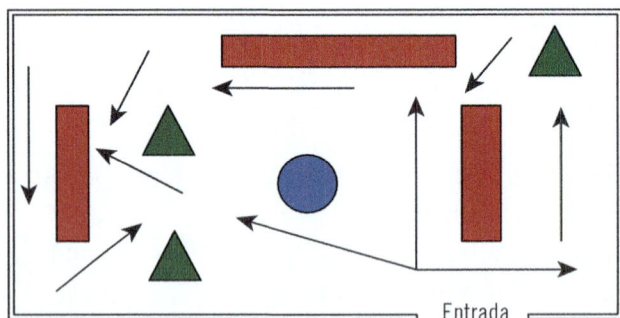

■ **Disposición recta en parrilla.** Facilita la movilidad de los clientes pudiendo estos poder comparar los productos entre sí. Como inconveniente, obliga al cliente a seguir un camino específico para moverse por el comercio, pudiendo quedar artículos sin ser vistos.

Disposición recta en parrilla del mobiliario

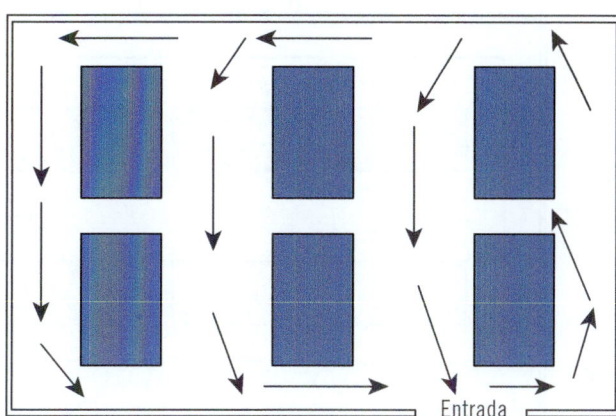

- **Disposición en espiga.** Prácticamente impone una forma determinada de circular al cliente por el establecimiento, aunque favorece la presentación de determinados artículos que son comprados la mayoría de las veces por impulso.

Disposición en espiga del mobiliario con góndolas en la zona central

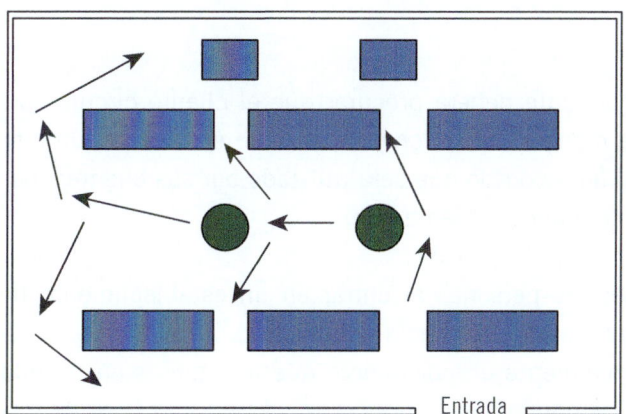

■ **Disposición sesgada.** Disposición del mobiliario que combina las ventajas de la disposición en parrilla y en espiga.

Disposición sesgada del mobiliario

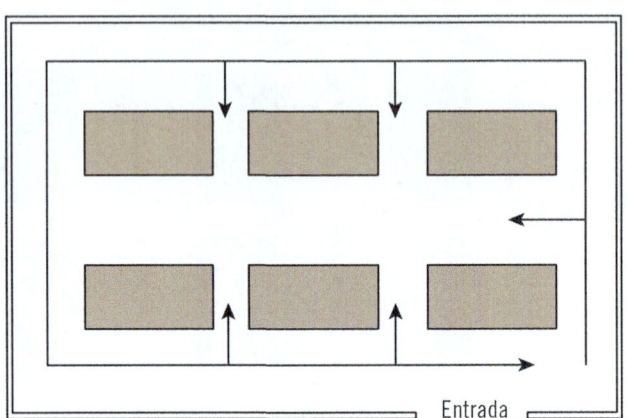

Actividades

12. Enumerar las diferencias y semejanzas existentes entre la disposición en parrilla y sesgada del mobiliario de un pequeño comercio.

El comerciante deberá procurar que el cliente circule por toda la sala de ventas. La manera más eficiente para ello es creando un circuito de compra definiendo un recorrido que será utilizado por sus clientes, no obstante es imprescindible tener en cuenta que:

■ Todas las personas al entrar en un establecimiento tienden de forma natural a dirigirse hacia la derecha.
■ Normalmente el movimiento que realizan es en sentido contrario a las agujas del reloj.

■ A medida que se avanza en profundidad por el establecimiento comercial, el porcentaje de personas que accede a estas zonas es cada vez menor.

Disposición de las zonas calientes y frías de un pequeño comercio

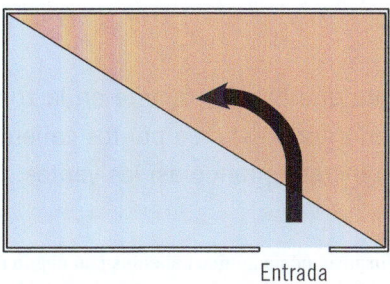

Entrada

Distribución porcentual del tránsito de los clientes por las distintas zonas (frías y calientes) del establecimiento comercial en relación a su distancia con la entrada y la caja

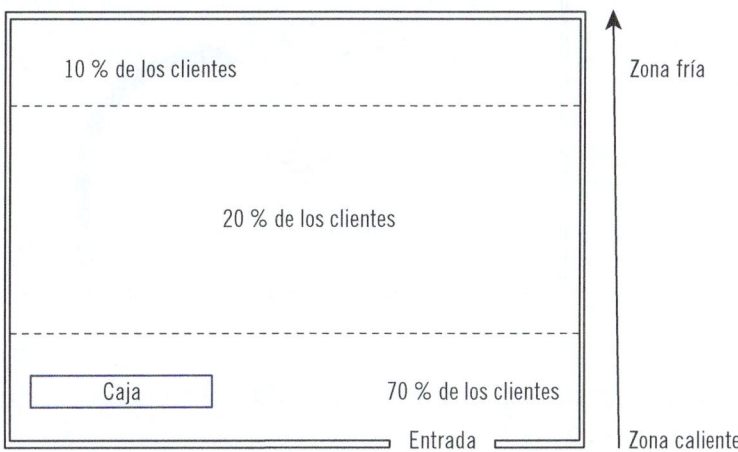

Independientemente de la distribución física que el pequeño comerciante haga del mobiliario y equipos del establecimiento y de la propia disposición física del mismo, en cada zona del comercio existirán una serie de puntos calientes y fríos. Los puntos fríos tienen los siguientes aspectos en común:

- Se encuentran muy cerca de la puerta o muy a la izquierda de la puerta.
- Normalmente están poco iluminados.
- Se encuentran situados en pasillos sin salida o rincones.

Por el contrario, los puntos calientes se encuentran muy bien iluminados, bien decorados, con una gran accesibilidad y visibilidad pudiendo ir acompañados de publicidad.

Es muy importante que el comerciante en la zona fría del establecimiento (donde las ventas son inferiores) cree puntos calientes, para que de esa forma los clientes accedan incrementando así las ventas.

Disposición de puntos calientes con objeto de incrementar las ventas en la zona fría del establecimiento

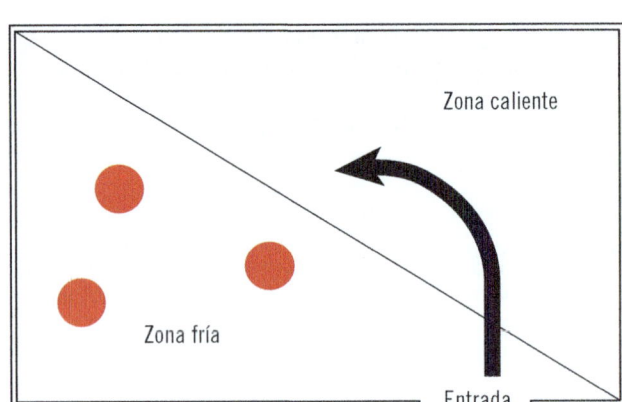

4.8. Aplicación práctica sobre eficiencia energética en el pequeño comercio

La gerente de un restaurante-asador, Ana C. F., ha decidido realizar una serie de reformas en su establecimiento relacionadas con la iluminación, climatización y distribución física del local. Quiere recrear el ambiente de una bodega y para ello ha decidido iluminar el comedor interior mediante lámparas halógenas en número suficiente para crear una luz tenue. La climatización la ha mejorado mediante unos nuevos equipos de mayor potencia y estableciendo una temperatura interior de 19 °C en invierno y en verano, similar a la existente en una bodega real durante todo el año. Para la terraza exterior del restaurante ha adquirido unos pequeños toldos individuales para cada mesa, similares a las sombrillas de playa. El restaurante está ubicado en Sevilla con una orientación en la que en verano recibe un gran número de horas de sol. ¿Cuáles son los errores que ha cometido la joven empresaria en relación a la eficiencia energética de su establecimiento? Responda razonadamente

Solución

La utilización de lámparas halógenas no es del todo correcta, ya que la mayoría de los establecimientos de este tipo utilizan lámparas fluorescentes (46 % del total de los establecimientos dedicados al ocio y la cultura). Ese tipo de lámparas producen un calor excesivo, su duración es corta, por lo que le supondrá un coste excesivo reponerlas, y su consumo de energía no es bajo. En cuanto a la climatización, Ana ha tenido que realizar una fuerte inversión al tener que renovar el equipo, y su decisión de establecer la temperatura a 19 ºC, independientemente de la estación del año, le va a suponer un fuerte gasto de energía eléctrica, que unido a la iluminación, supone un coste excesivo y una abultada factura eléctrica, todo ello sin tener en cuenta la no confortabilidad que puede acarrear en los clientes la poca iluminación y la sensación de frío por la temperatura demasiado baja para determinadas épocas del año (como en invierno).

En relación a la terraza exterior no ha realizado inversión en iluminación, por lo que se entiende que por la noche se ilumina con la luz de la ciudad y por el día con la luz solar. Al no existir climatización exterior, ni zona con una adecuada protección solar y dado que se ubica en la Ciudad de Sevilla, lo normal es que en innumerables épocas del año debido a las inclemencias meteorológicas sea completamente imposible que los clientes puedan sentarse a comer confortablemente en el exterior del restaurante.

En resumen, el gerente no ha realizado correctamente un estudio sobre necesidades y medidas de eficiencia energética, lo que dará como resultado un exceso de gasto en el consumo de electricidad y una paulatina reducción de los clientes debido a la falta de confortabilidad de los mismos.

5. Gestión de residuos, envases y embalajes aplicados en pequeños comercios

No solo la gran cantidad de energía que consumen los sectores económicos, entre ellos el sector servicios donde se encuentra el pequeño comercio, es un grave problema para el medioambiente. La generación de todo tipo de residuos y su emisión al entorno, genera un elevado coste para la sociedad y un grave problema para las generaciones futuras.

Recientemente, el Presidente del Panel Científico para el Cambio Climático de Naciones Unidas (IPCC), Rajendra Pachauri, afirmaba que *"No hay un plan B, porque no tenemos un planeta B"*, por tanto, nos encontramos en un momento crucial para el mundo en el que vivimos, un momento donde no solo los grandes dirigentes sino todos y cada uno de los ciudadanos, han de tomar conciencia y ser capaces de tomar grandes decisiones en relación a qué hacer con todos los residuos que el hombre genera.

En el comercio minorista se puede llegar a pensar erróneamente que dada su propia estructura empresarial, los residuos que es capaz de producir son muy pequeños e insignificantes en comparación con industrias o establecimientos comerciales de gran tamaño. Este es un pensamiento totalmente erróneo, ya que el número de pequeños comercios multiplicado por la cantidad de residuos que puede llegar a emitir cada uno, supera con creces, la cantidad de emisiones y residuos que las grandes superficies son capaces de producir.

 Definición

Vertido se define como todo residuo que es depositado en algún lugar de forma descontrolada y sin ser este el adecuado para su posterior almacenamiento o reciclaje.

Residuo se define como todo aquel material que pierde su utilidad tras haber cumplido su misión o servido para realizar cualquier trabajo o actividad.

El pequeño comercio puede generar tres tipos de residuos diferentes:

1. **Residuos denominados urbanos,** los cuales van a tener las mismas características que los residuos producidos en los domicilios, gestionándose estos de la misma forma.
2. **Residuos peligrosos.** Estos residuos van a requerir de un tratamiento especial, siendo aquellos que provienen de bienes como cartuchos de tóner y tinta, fluorescentes, detergentes, pilas, etc.
3. **Residuos inertes y emisiones atmosféricas.** En los denominados residuos inertes, se encuentran todos aquellos materiales de desecho que por norma general van a provenir de la construcción y de las reformas llevadas a cabo por los establecimientos comerciales.
   Las emisiones atmosféricas, son un tipo de residuo menos usual en este tipo de actividades pero en ellas se incluyen todo tipo de gases, vapores, etc... emitidos por el pequeño comercio durante cualquier proceso de producción o prestación del servicio que realicen como por ejemplo, las partículas emitidas por el pintado de vehículos, los gases generados por la combustión de materiales en una incineradora, etc.

La Ley 7/2022, de 8 de abril, de residuos y suelos contaminados para una economía circular, tiene como objeto la regulación de la gestión de los residuos de los productos del mercado, así como la prevención, producción y gestión de residuos, incluyendo el establecimiento de instrumentos económicos aplicables y la regulación de los suelos contaminados. Pretende prevenir y reducir la generación de residuos así como su impacto nocivo. El empresario, va a ser el responsable del cumplimento de las obligaciones que se deriven de la producción y gestión de sus residuos, por tanto serán estos los encargados de tomar las medidas necesarias para el cumplimiento de la legislación vigente y tomar las acciones y medidas oportunas para gestión, eliminación y reciclaje de los residuos generados así como, de los daños que su vertido haya podido producir a la sociedad.

No obstante, el empresario ha de tomar conciencia que la medida más importante es la minimización de la generación de residuos, lo que sin lugar a dudas va a ayudar a minimizar sus costes y aumentar su imagen de establecimiento respetuoso con el medioambiente.

Para ello, es importante que el empresario adopte una serie de buenas prácticas relacionadas con la gestión de los residuos, como por ejemplo:

- Mantener en todo momento informados a los trabajadores de la gestión de los residuos que su actividad genera, mediante una formación adecuada del personal y una concienciación de los efectos beneficiosos de su correcta gestión.
- Efectuar una recogida diaria de los residuos generados, manteniendo contenedores, cubos y recipientes perfectamente limpios y en disposición de ser utilizados, con el objeto de evitar la acumulación de residuos y proliferación de posibles plagas e infecciones.
- Colaborar con los servicios de recogida de basura instalados en el municipio, cumpliendo con la clasificación de los residuos para su correcto reciclaje por parte de los organismos autorizados.
- En las oficinas, deberá de procurarse usar el papel por ambas caras y reutilizar los sobres para el correo interno a fin de minimizar el uso del papel y la cantidad de este que se convierte en residuo.
- El empresario debe conocer con exactitud la cantidad y tipos de residuos que produce, pudiendo llevar un control para poder tomar decisiones para su minimización.
- Procurar que cuando se ponga en marcha cualquier tipo de iniciativa, equipo, producto o instalación en el establecimiento comercial, se tengan en cuenta las diferentes alternativas existentes para poder elegir aquella que menor cantidad de residuos genere.

5.1. Residuos urbanos

Los residuos urbanos, son aquellos que tienen las mismas características que los residuos de los domicilios de los ciudadanos, siendo gestionados por los mismos organismos.

De hecho, pequeños establecimientos comerciales, puestos tradicionales de los mercados de abastos, etc., producen fundamentalmente los mismos residuos que cualquier familia convencional produce en su domicilio particular; residuos orgánicos, papel, cartón, madera, vidrio y plásticos, son generados en grandes cantidades siendo totalmente aconsejable depositarlos en los contenedores determinados para ellos de manera específica.

En el caso del vidrio, es muy aconsejable la utilización de envases retornables e informar a todos los trabajadores del lugar correcto donde depositarlos (contenedor verde). Es importante recordar que no se deben depositar en dicho contenedor focos o lámparas, cristales, bombillas, envases de pintura o disolventes así como, las tapas de dichos envases.

Para el papel y el cartón, el empresario debe intentar reducir su consumo, utilizando en la medida de sus posibilidades materiales lavables o reutilizables. Debe implantar un sistema de recogida de papel y cartón proveniente de los envases o embalajes e informando al personal, de su recogida selectiva y posterior depósito en el contenedor azul.

 Sabía que...

Cada 90 Kg de papel de periódico no reciclado representa la tala de dos árboles.

Dentro de la definición de envases, se van a encontrar todo tipo de latas, bricks y plásticos así como otro tipo de residuos de carácter similar. Es muy aconsejable que el empresario reduzca el consumo de dichos envases así como otro tipo de residuos no considerados por la legislación como envases, como por ejemplo maletas, encendedores, billeteros, llaveros, etc., que muchas veces forman parte del merchandising del establecimiento. Para ello, es fundamental un cambio de mentalidad respecto del tradicional usar y tirar.

Adquirir los productos a granel siempre dentro de las posibilidades del establecimiento. Evitar los envases tetrabrik, ya que van a requerir de un proceso de reciclaje muy laborioso. Informar al personal de que solo los envases reciclables pueden ser depositados en el contenedor amarillo (los envases de productos peligrosos son catalogados como envases no reciclables).

Actividades

13. Del siguiente listado de residuos, indique cuáles son los que corresponden a cada uno de los contenedores habilitados para su depósito (azul, amarillo, verde y gris).

Papel usado, un frasco de perfume, cajas de cartón, briks, pañuelos de papel sucios, latas de conserva, botes de bebida, bolsas de plástico de comercio, restos de comida, cubiertos, una sartén, cristales rotos, restos de comida, bandejas de aluminio, botellas de vidrio, tarros de mermelada, papel manchado de grasa o aceite.

5.2. Residuos peligrosos

Se clasifican como residuos peligrosos aquellos que van a requerir de un tratamiento específico para su reciclaje o procesamiento para ser depositados en el medioambiente.

Dependiendo de la actividad a la que se dedique el establecimiento comercial, este va a utilizar determinados productos que pueden generar residuos de carácter peligroso. El uso de pilas para determinados dispositivos o la utilización de tubos fluorescentes para la iluminación de la sala de ventas, cuando terminan su vida útil pasan a convertirse en residuos tóxicos y peligrosos, los cuales han de ser depositados en sus correspondientes puntos verdes.

En la medida de las posibilidades del empresario, este ha de reducir el consumo de los siguientes residuos en el establecimiento comercial, en caso contrario deberá realizar un correcto depósito de los mismo una vez que ha finalizado su uso.

- Productos farmacéuticos o veterinarios
- Plaguicidas
- Disolventes, tintes, colorantes, barnices, lacas, etc.
- Resinas, colas, pegamentos y látex
- Productos anticarcoma
- Aceites vegetales

- Los restos orgánicos procedentes del sacrificio de animales
- Sustancias inflamables
- Cualquier tipo de envase o contenedor de los productos anteriores

 Sabía que...

Cuando los tubos fluorescentes se rompen, liberan vapores de mercurio que son altamente contaminantes.

5.3. Emisiones atmosféricas

Este tipo de residuos no son muy comunes en los pequeños establecimientos o comercios tradicionales ya que la mayoría de ellos, se dedican a la compraventa de bienes frescos o bien elaborados o semielaborados y a la prestación de servicios.

Tan solo en casos como las panaderías o pastelerías, bares y restaurantes, pequeños talleres de pintura, etc., pueden dar como problema fuertes olores y humos, pero es evidente que no es lo habitual.

Otro elemento existente en los pequeños establecimientos comerciales, es la utilización de calderas de calefacción, las cuales pueden constituir graves problemas de emisión de gases que van a requerir de una correcta salida de los mismos. Por ello, es importante minimizar en todo lo posible la emisión de este tipo de gases y humo a medioambiente mediante la utilización de los sistemas de filtrado y detección de fugas adecuados.

El empresario ha de ser consciente que cada vez más, el comprador y/o consumidor es más sensible a la problemática medioambiental, por lo que una buena gestión de los residuos generados en el establecimiento, va a redundar en una mejor imagen y calidad del bien o servicio prestado y por consiguiente, un incremento de su rentabilidad como consecuencia de una reducción de sus costes y un incremento de sus ingresos por ventas.

6. Resumen

Al igual que los aspectos tenidos en cuenta en las normas de calidad del pequeño comercio UNE 175001-1:2013 y las pautas a seguir por el comerciante y sus empleados en relación al código de buenas prácticas comerciales, la política de devolución del pequeño comercio ha de estar definida desde el primer momento, ya que es un signo de calidad además de un derecho reconocido legalmente al consumidor (como así está establecido en el Real Decreto 1/2007, de 16 de noviembre, por el que se aprueba el texto refundido de la Ley General para la Defensa de los Consumidores y Usuarios y otras Leyes Complementarias, en la Ley 7/1996, de 15 de enero, de Ordenación del Comercio Minorista, en la Norma UNE 175001-1:2013, Calidad de Servicios para el Pequeño Comercio y por el propio comercio en su política de devoluciones).

La red de redes así como su interfaz más conocida, la web, debe de servir al comerciante como medio de difundir la imagen del comercio, promocionar los productos y/o servicios, posibilitar al comercio de una tienda virtual, así como servir de medio para aumentar la población objetivo del establecimiento comercial. Blogs, redes sociales, telefonía móvil y determinadas técnicas de *marketing,* como el *marketing* viral, se han mostrado como herramientas muy válidas para el incremento y posicionamiento del pequeño comercio de cara a un aumento de las ventas, mejora de la calidad en el servicio y creación de imagen comercial. Otro de los beneficios es el bajo coste, en algunas ocasiones nulo, de la utilización de este tipo de tecnologías de la información y comunicación (TIC).

Por último, la preocupación del consumo energético de manera responsable debe ser una de las premisas del pequeño comercio. Dado que el número de establecimientos comerciales a nivel nacional es muy elevado, un pequeño ahorro en el consumo de la energía en iluminación, climatización, equipos electrónicos, etc. hacen que se contribuya en su conjunto a un enorme ahorro de energía y a una gran disminución del impacto medioambiental por el uso y dependencia que actualmente se tiene de energías no renovables. El uso de dispositivos mecánicos o electrónicos para la mejora de la eficiencia energética, unido a la implantación de protecciones solares para evitar el uso indiscriminado de energía en climatización o iluminación del establecimiento, contribuye notablemente al ahorro en la factura energética del pequeño comerciante, y por consiguiente, en los resultados económicos y rentabilidad del mismo.

Ejercicios de repaso y autoevaluación

1. En relación a las devoluciones de productos y/o servicios, y más concretamente a la política de devoluciones que establezca el pequeño comercio, ¿cuál es la legislación vigente que regula dicha política?

_____

_____

_____

_____

2. ¿En qué casos el cliente puede ejercitar el derecho de desistimiento? ¿Qué plazo temporal tiene el cliente para ejercitar el derecho de desistimiento? ¿Qué plazo tiene el vendedor para devolver el dinero cuando el cliente ha ejercitado el derecho de desistimiento?

_____

_____

_____

_____

3. De las siguientes afirmaciones, indique cuál es un inconveniente de la utilización de la web para el pequeño comercio.

   a. Menor tiempo en los pedidos y en las entregas.
   b. Necesidad de formación adecuada sobre conocimientos informáticos.
   c. Eliminación de los intermediarios.

4. Señale si las siguientes afirmaciones son verdaderas o falsas.

   a. El diseño del blog no posee una importancia relevante a diferencia de la web del comercio que representa la imagen corporativa.

      ☐ Verdadero
      ☐ Falso

b. Tanto el blog como la web del comercio se estructuran mediante áreas visuales y temáticas.

☐ Verdadero
☐ Falso

c. La web corporativa y el blog del comercio deben ser elaborados por un desarrollador web debido a los elevados conocimientos en informática necesarios para ello.

☐ Verdadero
☐ Falso

5. Complete el siguiente texto.

Todo blog independientemente de su temática posee los siguientes elementos: _____, en la que podrá existir o no una _____ estilo menú, un _____, donde suele aparecer el contacto, información del establecimiento, etc. y una parte central donde se encuentran los _____ o artículos, el llamado _____ o enlaces a blogs favoritos, la suscripción _____ y los famosos _____ o *widgets*.

6. Enumere las distintas razones por las que un pequeño comercio debe crear un blog.

_____
_____
_____
_____
_____

7. Relacione las siguientes redes sociales con el grupo de red al que pertenecen.

a. Redes sociales generalistas.
b. Redes sociales multimedia.
c. Redes sociales profesionales.

___ Youtube
___ Facebook
___ Hi5
___ LinkedIn
___ Google +
___ Viadeo
___ Scribd

8. **Señale si las siguientes afirmaciones son verdaderas o falsas.**

  a. Los denominados blog *search services* son motores de búsqueda de webs, blogs, imágenes, vídeos, etc.

      ☐ Verdadero
      ☐ Falso

  b. Los meta *tags* son las etiquetas que van a marcar los documentos de los blogs que sirven para que estos sean encontrados por los buscadores.

      ☐ Verdadero
      ☐ Falso

  c. La política de privacidad en las redes sociales es un aspecto importante a tener en cuenta por el comerciante, ya que puede darse el caso de que determinadas redes sociales utilicen la información, fotos y archivos del usuario sin su consentimiento expreso.

      ☐ Verdadero
      ☐ Falso

9. **Explique brevemente cuál es el beneficio de la telefonía móvil para el pequeño comercio.**

_____
_____
_____
_____

10. Complete el siguiente texto.

La energía por biolíquidos es la obtenida por los _____ líquidos derivados de la _____, la energía geotérmica es la que utiliza el _____
procedente del interior de la _____ para generar electricidad y la energía solar _____ es la energía _____ del sol recogida en grandes _____ para transformarla en energía _____ para obtener
_____.

11. Señale si las siguientes afirmaciones son verdaderas o falsas.

a. La lámpara fluorescente tiene un consumo medio de energía y una larga
vida útil, entre 10.000 y 12.000 horas.

☐ Verdadero
☐ Falso

b. La lámpara de incandescencia posee una baja emisión de calor, un coste
de adquisición bajo y un consumo energético alto.

☐ Verdadero
☐ Falso

c. La lámpara con diodo emisor de luz (LED) posee un coste de adquisición
elevado, una emisión de calor bajo y una muy larga vida útil, entre 50.000
y 100.000 horas.

☐ Verdadero
☐ Falso

12. Explique brevemente en qué consiste el *free cooling* y el enfriamiento evaporativo.

_____

_____

_____

_____

13. En relación a la zonificación del establecimiento, ¿cuáles son los aspectos que el comerciante debe tener en cuenta en la zona interior y decoración del pequeño comercio?

_____

_____

_____

_____

14. Indique cuáles son las ventajas e inconvenientes de la disposición en espiga del mobiliario del pequeño comercio.

_____

_____

_____

_____

15. Complete el siguiente texto.

Todas las personas al entrar en un establecimiento tienden de forma _____ a dirigirse hacia la _____. Normalmente, el movimiento que realizan es en _____ a las agujas del reloj. A medida que se avanza en _____ por el establecimiento comercial el _____ de personas que accede a estas zonas es cada vez _____.

Bibliografía

Monografías

❚ Confederación Española de Comercio: *Guía práctica de ahorro energético dirigida al comerciante.* Ministerio de Industria, Turismo y Comercio, 2009.

❚ CORTIÑAS Vázquez, P.: *Análisis y estimación del impacto económico de medidas liberalizadoras. Informe final.* Dpto. Economía Aplicada y Estadística. Universidad Nacional de Educación a Distancia, Junio 2012.

❚ DE LINAJE García, C. A., VALDIVIESO Santamaría, T.: *Guía para la implantación de la Norma UNE 175001-1. Calidad de servicio para el pequeño comercio.* Cámara de Comercio de Ávila.

❚ Dirección General de la Industria y de la PYME: *Retrato de la PYME 2012.* Madrid: Ministerio de Industria, Energía y Turismo, 2012.

❚ FLORES Aja, C.: *Calidad de servicios para el pequeño comercio: guía de aplicación de la serie UNE 175001.* Madrid: AENOR, 2011.

❚ Fundación Mujeres: *Conciliación de la vida laboral, familiar y personal.* Madrid: Ministerio de Sanidad, Servicios Sociales e Igualdad, 2010.

❚ Generalitat Valenciana: *Calidad: principal objetivo de la innovación comercial.* Cámara de Comercio de Castellón. Conselleria D´industria, Comerç i Innovació.

❚ ISMI International Service Marketing Institute: "La medición de la satisfacción del cliente", *Marketing de servicios,* Marketing + Ventas, Nº 169, Mayo 2002.

▌ LÓPEZ Carrizosa, F. J.: *ISO 9000 y la planificación de la calidad. Guía para la planificación con orientación en la gestión de procesos.* Incontec, 2012.

Legislación

▌ Ley Orgánica 3/2007, de 22 de marzo, para la igualdad efectiva de mujeres y hombres.

▌ Ley 1/2004, de 21 de diciembre, de Horarios Comerciales.

▌ Ley 39/1999, de 5 de noviembre, para promover la conciliación de la vida familiar y laboral de las personas trabajadoras.

▌ Ley 7/1996, de 15 de enero, de Ordenación del Comercio Minorista. Actualizada por la Ley 47/2002, de 19 de diciembre, de reforma de la Ley 7/1996, de 15 de enero, de Ordenación del Comercio Minorista, para la transposición al ordenamiento jurídico español de la Directiva 97/7/CE, en materia de contratos a distancia y para la adaptación de la ley a diversas directivas comunitarias.

▌ Real Decreto-ley 20/2012, de 13 de julio, de Medidas para Garantizar la Estabilidad Presupuestaria y de Fomento de la Competitividad.

▌ Real Decreto Legislativo 1/2007, de 16 de noviembre, por el que se aprueba el texto refundido de la Ley General para la Defensa de los Consumidores y Usuarios y otras Leyes Complementarias.

▌ Real Decreto 295/2009, de 6 de marzo, por el que se regulan las prestaciones económicas del sistema de la Seguridad Social por maternidad, paternidad, riesgo durante el embarazo y riesgo durante la lactancia natural.

▌ Norma ISO 9000:2015: Sistemas de gestión de la calidad. Fundamentos y vocabulario.

▌ Norma UNE-EN 9001:2015: Sistemas de gestión de la calidad. Requisitos.

▌Norma UNE 175001-1:2013: Calidad de servicio para pequeño comercio. Parte 1: Requisitos Generales.

▌Norma UNE 66.901-92: Definición de trazabilidad.

Textos electrónicos, bases de datos y programas informáticos

▌Asociación Española de Normalización y Certificación, de: <http://www.aenor.es>.

▌Centro Comercial Abierto. Consejería de Turismo y Comercio. Junta de Andalucía, de: <http://www.juntadeandalucia.es/turismoycomercio>.

▌Comercio Electrónico, de: <http://www.osanet.euskadi.net>.

▌El Empaque, de: <http://www.marketing-free.com>.

▌Entidad Nacional de Acreditación, de: <http://www.enac.es>.

▌Instituto Nacional de Estadística, de: <http://www.ine.es>.

▌ISO *(International Organization for Standardization),* de: <http://www.iso.org>.

▌La huella de carbono, de: <http://www.huellacarbono.es>.

▌Modelo EFQM de Calidad y Excelencia, de: <http://www.efqm.es>.

▌Oficina de seguridad del internauta, de: <http://www.osi.es>.

▌Ordenación del comercio. Ministerio de Industria y Turismo, de: <http://www.comercio.gob.es>.

▌Orígenes de la web, de: <http://www.hipertexto.info>.

▌*The size of the World Wide Web (The internet),* de: <http://www.worldwidewebsize.com>